文化公所
Hall de Cultura

澳门街道的故事

上

林发钦　胡雅琳　郭姝伶◎著

Macao

SPM
南方出版传媒
广东经济出版社
—广州—

图书在版编目（CIP）数据

澳门街道的故事：上、下 / 林发钦，胡雅琳，郭姝伶著. —广州：广东经济出版社，2019.12
ISBN 978-7-5454-7083-3

Ⅰ.①澳… Ⅱ.①林… ②胡… Ⅲ.①城市道路—介绍—澳门 Ⅳ.①K926.59

中国版本图书馆CIP数据核字（2019）第268964号

出 版 人：李　鹏
合作策划：澳门文化公所
责任编辑：韩文君　宋昱莹　林跃藩　谢慧文
责任技编：陆俊帆
装帧设计：广州友间文化传播有限公司
封面设计：回归线视觉传达

澳门街道的故事（上）
Aomen Jiedao De Gushi（Shang）

出版发行	广东经济出版社（广州市环市东路水荫路11号11～12楼）
经销	全国新华书店
印刷	广东鹏腾宇文化创新有限公司 （珠海市高新区科技九路88号七号厂房）
开本	787 毫米×1092 毫米　1/16
印张	14.25
字数	181 千字
版次	2019年12月第1版
印次	2019年12月第1次
书号	ISBN 978-7-5454-7083-3
定价	150.00 元（全二册）

广东经济出版社官方网址：http://www.gebook.com 微博：http://e.weibo.com/gebook
图书营销中心地址：广州市环市东路水荫路11号11楼
电话：（020）87393830　邮政编码：510075
如发现印装质量问题，影响阅读，请与承印厂联系调换
广东经济出版社常年法律顾问：胡志海律师

序

老街是历史城市的缩影，老街的碎片折射的不仅是物质记忆，更是那时那人的斑驳心路。古老气息与后现代文明交融，在宁静与喧嚣中，不断注入新鲜活力的发展中的城市，变得亲近而遥远、熟悉而陌生。

为此，几年前，我们开始组织学术人员启动“澳门老街道”研究项目，研究内容涵盖澳门七个堂区、八十多条老街道，以“专业研究，通俗易懂”的撰写方式，力求成就一部体现澳门老街历史特色的专著。

澳门曾是一个小渔村，而现在它是一座中西文化交汇的城市、一座集购物与娱乐功能于一体的旅游城市。老街众多的名胜古迹、宗教建筑，以及博彩业等，吸引着南来北往的海内外旅客。那些本土居民的风俗习惯、那些土生葡萄牙人的言行举止、

那些小城的美食餐饮……是如何产生与变化的呢？现在就让我们迈开步伐，循着老街的痕迹，绘制人文地图，去讲述老街的故事。

经过一段时间的梳理和编纂，我们初步完成了有关澳门老街道的文字内容，又经过长时间的校对、地图绘制及图片搜集拍摄，终于完成了这部学术与通俗相结合、图文并茂的书稿。

因篇幅较大，书稿按澳门七个堂区的分布，由北向南，分上、下两册设计出版。

感谢所有参与研究项目的学术人员，是大家不惮艰辛才创造性地完成此项工作。

林发钦

2019年5月

编写说明

本书编写以“专业、研究、科普、创新”为原则，按地理位置由北向南分为上、下两册，其内容涵盖澳门七个堂区，融贯古今。有关编写原则略述如下。

1. 两册均涉猎澳门中外文献，分析整理前人著述。主要为晚清至当代的报刊、中外古地图等。

2. 研究内容包括堂区及街道的位置、地名、名胜、人文及今景。

3. 《澳门街道的故事》（上）记录的主要是澳门半岛北半部的花地玛堂区、花王堂区、望德堂区；《澳门街道的故事》（下）记录的主要是澳门半岛南半部的大堂区、风顺堂区，以及氹仔的嘉模堂区、路环的圣方济各堂区。

4. 除文字资料外，配合运用一些古地图以及相应地景的新老照片。

5. 为避免篇幅烦冗，每个堂区以“历史久远、中西特色”的原则筛选“6~16”条街道不等。

6. 为保持地图原貌，书中地图中的繁体中文未转化为简体中文。

《澳门街道的故事》记录的街道演变内容及街道筛选难免疏漏，热望社会各界指正。

目录

花地玛堂区 1

花王堂区 61

望德堂区　147

花地玛堂区

花地玛堂区是以花地玛圣母堂为区域中心并以该教堂的名字命名的。花地玛堂区位于澳门半岛北部，是澳门半岛面积最大（3.08平方千米）、人口最多（根据2011年澳门人口普查初步结果，其人口占澳门人口的39.9%）的一个区。

花地玛堂区开发最迟，过去一直是以农牧业为主的郊区，平民房屋也多集中于此。20世纪60—70年代以后，澳门经济起飞，本区也迅速发展成为新兴工业区，主要行业有纺织、制衣、塑胶、玩具、皮革、电子、电力等，澳门41%的工业场所均集中于此区。本区北接珠海，是来往澳门与内地陆路交通的主要通道。2003年在青洲西岸填海兴建珠澳跨境工业区澳门园区。

堂区历史

花地玛教堂始建于1929年，是澳门较“新”的天主教堂。教堂由圣安多尼堂主任司铎蒙神父应当时教友所需而兴建，建立之初是附属于圣安多尼堂区的一个传教中心。

◆ 花地玛教堂之一

20世纪60年代，大量人口从内地涌入澳门，北区人口激增，教会应需要，将花地玛传教区升格。行政当局在听取了时任澳门教区主教戴维理的提议后，认为有必要将当时各行政堂区的区划，与现行以及教会计划把1929年创立的花地玛传教区升格为宗教堂区的区划一致。[①]为此，行政当局民政厅在1965年4月10日发出训令，组成一个由澳门市政厅局长担任主席，澳门教区两名

① 澳门主教公署教区事务统筹秘书处：《澳门教区成立四百三十周年教闻摘录（1576—2006）》，澳门主教公署，2006，第4—5页。

代表、澳门市政厅和公务运输厅各一名代表为成员的委员会，研究新的澳门半岛行政堂区划分。1965年8月7日，行政当局颁布第1676号立法性法规，将澳门由原来的3个行政堂区扩充为5个，即风顺堂区、大堂区、望德堂区、花王堂区和花地玛堂区。至此，花地玛堂区正式成立。教堂的建设，以及随后升格为堂区，印证了当地社区组织从松散到严密的发展历程。

◆ 花地玛教堂之二

堂区范围

该堂区包括青洲、台山、马场、黑沙环、望厦、筷子基等地，南面以美副将大马路为界，与圣安多尼堂区和望德堂区相邻，大部分土地为填海所得。

1991年4月澳门当局颁布第26/91/M号法令，重新界定澳门半岛行政堂区的区划，仍然维持5个行政堂区的格局。根据此法令，花地玛堂区包括："本市的北部及西北部，以在沙梨头南坞的一条计划开设的街道为界，及至与白朗古将军大马路的交界处，并沿该马路、美副将大马路、海边大马路、上述的斜坡及一段友谊大马路的中心延伸至外港澳门自来水公司水塘的弯角处止。"

青洲山位于澳门半岛西北部，海拔57米。原为孤悬于濠江中的一个小丘，江水环绕，风景优美，绿树苍翠，故名青洲。昔日又称之为绿岛，"青洲烟雨"曾是"濠镜十景"之一。清光绪十六年（1890），澳门当局在莲峰庙附近修筑一堤使之与澳门半岛相连，后来又陆续在山麓周围填海。

莲峰山又名莲花山。山南有望厦村，故又名望厦山。位于澳门半岛北部。清同治年间（1862—1874）编修的《广东图说》称："莲峰山，在（香山县）城东南一百三十五里大海中，有望厦汛。"一说，明时称澳门为莲岛，故此山称为莲峰；另说，因此山形似莲花而得名。山高62米，东近濠江，西临大海，南望澳门，北朝大陆，在莲花茎的尽头，突兀拔起，宛如花球，山又多奇石，千姿百态，旧日山顶岩石，远望如观音端坐莲臂，其他岩石烘托如云，更像是莲花盛开。北麓有莲峰庙，南麓有观音古庙，均有几百年历史。东南麓有澳门电视台，山顶有古望厦炮台，现已废弃。1997年澳门市政厅在此建成望厦公园。现山下有澳门旅游学院及小型酒店。

新口岸水塘位于澳门半岛东北部花地玛堂区，是20世纪20年代后期进行新口岸填海工程时围海而成。用以贮存淡水，可蓄水200万立方米，供澳门居民使用。1995年，号称亚洲最大的澳门电脑音乐喷泉建于水塘之中，1998年电脑音乐喷泉迁至南湾湖中。

◆ 1796年澳门城市及港口图

1. 亚马喇土腰（关闸马路）

亚马喇土腰又称关闸马路、莲花茎，位于澳门半岛北端，是连接关闸和拱形马路的一条古老道路，同时也是澳门出入拱北的主要通道。亚马喇土腰原来仅有50～100米宽，直到20世纪20年代澳门当局在沙堤两侧多次进行大规模的填海工程，才成为今天的宽广平地。

◆ 关闸马路

（1）亚马喇土腰的别称

亚马喇土腰最初称为“莲花茎”，本是内地通往澳门的唯一狭长沙堤，得名于沙堤尽处的莲花山。[①]澳门半岛原来与内地分隔，孤悬海中，并未与祖国相连，后来由西江沙泥冲积而成狭窄沙堤，此沙堤便是莲花茎的前身。明代前将其称为“塘基路”，到明代中叶因增修了石矶，故又称其为“横石矶”。[②]也有人称之为“高沙”，所谓高沙，指的是这条沙堤地势高出两旁。

亚马喇土腰是以澳门第79任总督亚马喇来命名的。亚马喇（又译作亚马留、亚马勒），1846年4月从里斯本来到澳门任职。亚马喇上任后，在澳门推行扩张政策。1847年2月27日及3月12日，亚马喇两次派人在澳门半岛华人居住区张贴布告，晓谕华人，澳门政府将在界墙外水坑尾门和关闸门之间修筑马路。1848年，他擅自从澳门界墙的水坑尾门起，向北开辟经龙田村背后直出马交石、黑沙环达关闸的马路，掘毁关闸一带村民的祖坟，将尸骸抛入大海。他的行径激起了中国居民的义愤，终于，在1849年8月22日于关闸附近被望厦村村民沈志亮等人刺杀。据1905年的《澳门市街道名册》记载，澳门有四条街道以其名字命名，亚马喇土腰便是其中之一，而华人居民习惯把这条路称为“关闸马路”或“关闸径”。

澳门关闸有古关闸与今关闸之分。古关闸在今关闸马路中，据记载，建于明朝万历二年（1574），“万历二年，建闸于莲花茎，设兵守之”。当时所建关闸，是古代城楼式样，城牙如排齿，分向两排

① 印光任、张汝霖：《澳门纪略》，赵春晨点校，广东高等教育出版社，1988，第2页。

② 梁廷楠：《夷氛闻记》，邵循正点校，中华书局，1959，第1页。

◆ 关闸马路路牌

斜下，可直达城楼，飞檐翠瓦，楼前悬一横额曰“孚威镇德”。城楼正中处，开一大门，门楣有碑石一额，刻有“关闸门”三个字。在关闸两旁，分建兵房一所，作为关闸讯营；左右立有两支围杆，高入霄汉，濒水滨；又筑有小石室三间，作为哨兵守望站。据《香山县志》载：“关闸讯，在本营南一十五里，把总一员，分防兵六十名。”[①]据史料记载，清初时关闸的城门每月启闭6次，给澳门运输粮食。[②]古关闸作为中国明、清政府的边防前哨，在19世纪40年代初的鸦片战争期间，曾经是抵御英国军队进犯的阵地，是清朝军民反对外敌侵略的历史见证。鸦片战争后，葡萄牙人的势力向北扩展，拆毁古关闸，并于1870年向北移建凯旋门式新关闸。

① 阮元修、陈昌齐、刘彬华：《广东通志》第175卷《香山县志》，江苏广陵古籍刻印社，1987。

② 印光任、张汝霖：《澳门纪略》，赵春晨点校，广东高等教育出版社，1988，第23页。

◆ 旧时关闸

（2）土腰两侧的变迁

昔日亚马喇土腰尚未建成之时，只是一道被称为“莲花茎”的通往关闸的沙堤。莲花茎两旁之沙地皆属乱葬岗[1]。自从拆毁古关闸门，另建新关闸后，路旁的坟墓被强行迁徙，修建了亚马喇土腰。随后的70多年间，土腰两侧除了冲击而成的海滩外，仍为一片荒凉之景。从澳门文化司署1998年出版的《文化杂志》（第36—37合辑）上发表的进行港口工程前的照片中可以看到，直到20世纪初，亚马喇土腰两侧依然是海滩，甚为荒凉。自1919年起，澳门进入大规模的港口及城市整治时期。这一时期除了疏浚港口及航道外，还通过内港填海增加了大量土地。1919—1924年间的内港填海计划，集中填平了澳门半岛的西北侧，即今天的台山区、青洲大马路两旁，建造了筷子基。

① 王文达：《澳门掌故》，澳门教育出版社，1999，第210页。

1923—1938年间的外港填海计划，工程则更为浩大，填平了澳门半岛的东北部、东部及东南部大部分海滩，形成了今天的黑沙环、马场、新口岸等地区。这两个浩大的填海工程直至1938年才全部竣工，至此澳门半岛的面积扩展到6平方千米，几乎是原有面积的两倍。

关闸马路的东侧为昔日赛马场的所在地。跑马场这一名称留在了其周边的路名中，如马场北大马路、马场东大马路、马场海边马路等。赛马场原为关闸马路东面的海滩，其填海工程于1923年初展开，直至1924年整个马场土地的填海工程完成。1924年8月22日，开始在关闸以东新填海地修建赛马场。1927年3月19日，澳门赛马场正式建成。[1]澳门赛马场建成后，一切设备仿效香港，每逢周日举行普通赛马，香港游客到澳门观赛也非常踊跃。太平洋战争爆发后，香港沦陷，澳门的赛马也受到影响，只得停办，马场也因此空置。而后荒芜的赛马场被潮籍农民开垦成菜地，昔日奢靡娱乐的“销金窝”变成了农副产品生产地。此后马场一带不断有新的移民涌入，促进了这一区域的发展。

关闸马路西侧的台山区原为内河水滨，芦汀草泽，泥潭沙洲，杂错其间。澳门政府修筑关闸马路时先令河滨沙丘的坟墓迁徙，后将河滨海滩围以土坝，使之渐成洼田。自民国初年以来，澳门政府凿莲峰山，塞青洲海，于是这片洼田被填成一片广阔的土地。1924年后，兴筑内港，将此区辟为工业区。由于远离市区，这里最初被政府划为制造危险品的区域，所有炮竹厂都迁到这里。其中最大的一家叫台山炮竹厂，有数千工人。该厂不幸于1925年发生爆炸，死伤逾千。这一空前惨剧，令市民难以忘怀，以致“台山”二字也变成该区的地名。此后，澳门政府便令所有炮竹厂一律迁往氹仔，台山改成贫民木屋区。1929年台山木屋区又发生大火，木屋全部焚毁。为了安置顿失家园的

① 施白蒂：《澳门编年史·20世纪》，金国平译，澳门基金会，1999，第208页。

◆ 关闸

数百灾民，慈善机构筹得款项，1931年在台山建成900多间砖屋，整齐地排列成11条街道，廉价租给平民居住，并以澳督巴波沙的名字命名为巴波沙坊。20世纪80年代后期以来，平民屋陆续被新建大厦所取代。原来的石牌坊于1999年重建。现在关闸马路一带已发展成为澳门重要的居民住宅区，每日来往澳门与内地间的人们在这里川流而过、往来不息。

古关闸存世近300年，现在只余下关闸城楼刻着“关闸门”三个字的石额，这块石额被镶嵌在民政总署大楼的大堂入门右壁窗门顶上。目前，澳门关闸广场和关闸马路一带已建成新的关闸和工人体育馆，新关闸位于关闸马路的末端，现代大型建筑的气派早就覆盖了历史的痕迹。

2. 青洲大马路（青洲新路）

青洲大马路，是位于澳门半岛西北面的一条道路，属花地玛堂区。青洲大马路长约285米，东从罅些喇提督大马路与巴波沙大马路之间即拱形马路对面起，西至青洲河边马路即青洲兵营门前，是澳门市区通往青洲的交通要道。

（1）青洲大马路的前世今生

此路的葡文名是以当时的澳门总督布渣命名的，以此纪念他的主持修建之功。布渣，海军军官出身，于1890年10月16日出任澳门总督。“上任后11天，他便颁布了1890年10月27日第146号训令，决

◆ 青洲大马路

定建筑一长堤，连接青洲与澳门。工程预算为23800澳币，施工期为两年。”[①]1892年12月30日青洲大马路开通。[②]1893年1月7日《澳门宪报》正式将它命名为“布参政路”。[③]奇怪的是这一译名却很少出现于文献中，连1905年的《澳门市街道名册》中也不见其踪影。金国平先生提及的“博尔参政大臣大马路”[①]倒是和“布参政路”有几分相似，但不知这一译名出自何处。此外，也有将其译为“波也参事大马路”的。[④]一条街道拥有几个不同的中文译名，不禁令人感叹翻译过程中的“创造性”。

◆ 布渣总督（1890—1894）

然而最初的“布参政路”又怎么成了“青洲大马路”呢？据查

① 金国平、吴志良：《早期澳门史论》，广东人民出版社，2007，第276页。

② 施白蒂：《澳门编年史·19世纪》，姚京明译，澳门基金会，1998，第271页。

③ 参见1893年1月7日《澳门宪报》：“照得按居民律例第二百四十九款，及按一千八百五十三年十二月二十日上谕所定颁行，现在莲峰庙口新筑直往青洲大道，命其名曰布参政路；又由荷兰园通过白头新街，命其名曰多明我柏知古街。现在开通此路，自今日起任各人往来行走，今欲各人周知，故特将此示译出华文，刊在宪报，并粘在常贴告示之处，众行咸悉。壬辰年十一月十三日。”

④ 宋柏年、赵永新：《中外文化交流与澳门语言文化国际研讨会论文集》，澳门理工学院，2002，第269页。

历年的《澳门市街道名册》，这一中文名称最早出现于1957年。“青洲大马路（青洲新路）：在罅些喇提督大马路与巴波沙大马路之间，即拱形马路对面起至青洲河边马路即青洲兵营门前止。此马路有一部分原名青洲新路。”由此可知“青洲新路”这一名称要早于“青洲大马路”，并且曾是“青洲大马路”的一部分。“青洲新路”这一中文名称最早见于1905年的《澳门市街道名册》，由连胜马路起，至青洲止。值得注意的是，1905年的《澳门市街道名册》中，青洲新路的葡文名称为“Estrada do Dique da Ilha Verde”，而在1925年的《澳门市街道名册》中，其葡文名称则是“Avenida do Conselheiro Borja”。如果说中文名称的差异是由翻译所致，那么20年内怎么会出现两个完全不同的葡文名称呢？况且早在马路开通的一周后（1893年1月7日），其中文、葡文名称已被刊登于《澳门宪报》，以期“各人周知”了。

为何在短短的几十年内路名几经变化？这应与填海工程有关。据说早在1846年，澳门当局就在莲峰庙前地修筑了一道长堤，直达海中，想把青洲岛连接。[1]但是当时青洲湾的潮汐水流强大，这长堤被冲断了几个缺口，也就停止修筑了。直至1889年澳门开展填海计划，再次修筑青洲海堤，这次的海堤多用石块构筑，一直成功地修到青洲岛滩边。但碍于英国人开设的青洲水泥厂，只能筑至距青洲岛三五米远处，并建一道铁闸，以阻通路。建成的这道石堤便是“布参政路”。青洲新路则是在这石堤的基础上拓建的。据1993年的《澳门市街道名册》中“已消失的街道”部分记载：“青洲新路：原有一街道称为青洲新路或青洲马路，大约与现在之青洲大马路相同，有数小桥相接。”当时的青洲新路还是比较简单的，有“数小桥相接”。直至1925年，水泥厂迁往香港后，才拆除铁闸填筑，连接青洲岛，贯通青

① 金丰居士：《澳门街巷来龙去脉》，《大众报》2003年9月1日。

◆ 远眺青洲（尚未修筑青洲海堤时）

◆ 远眺青洲（已修筑青洲海堤后）

洲大马路。大规模的填海造地使得布渣总督当年修建的堤道已难觅踪迹，而今在新造的土地上，人们建起了青洲坊，所有的变化都淹没在了柴米油盐的日常生活之中。

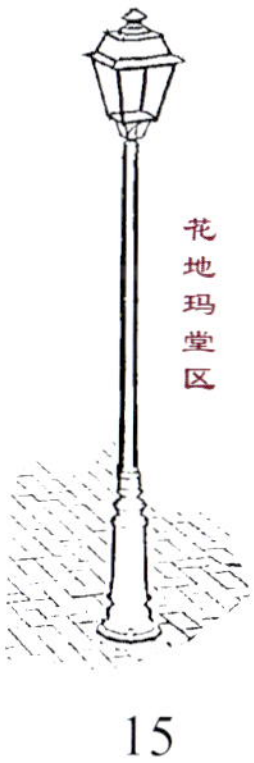

◆ 青洲岛全景（约1890年）

（2）青洲岛

昔日的青洲原是澳门半岛西北面的外岛，孤山屹立，高50余米，与澳门半岛分离，四周环水，面积不大，但树木茂盛、郁郁葱葱，因而得名“青洲”，葡文中它也被称为绿岛。

明朝起葡萄牙人获准居澳，租界并不包括青洲岛，但他们却私自在岛上进行活动并兴建教堂。

◆ 青洲英泥厂（约1890年）

青洲是澳门“濠镜十景”之一，有“青洲烟雨”之美誉，吸引了不少文人雅士前往游览并作诗咏之。曾任澳门海防军民同知，又是

◆ 青洲岛全景（约1890年）

《澳门纪略》作者之一的印光任就写有《青洲烟雨》一诗：

海天多气象，烟雨得青洲。
蓊郁冬疑夏，苍凉春亦秋。
钟声沉断岸，帆影乱浮鸥。
景比潇湘胜，何人远倚楼。

清末名士丘逢甲曾到澳门，闻得“青洲烟雨”的名声，拟往一游，但舟楫不便，只能遥望，留下短诗一首：

仙洞云封万竹深，隔江胜地负登临。
倚楼幻作蓬瀛想，一角青洲出海心。

青洲除了有美景之外，还有美食。青洲昔日出产一种黄油蟹，颇为著名，据《香山县乡土志》载：“黄油蟹，产澳门青洲，岁维六月一出，不可多得，邑人多移船携酒，傍青洲擎之，醉以酒，熟而后解之，其油深入内里，黄白杂糅，跪末螯尖皆满，味至浓郁，不能致远，耐久则味变，近出产渐稀。”[1]青洲蟹是澳门的名产，有不少人赋诗称赞其美味。清中叶时，广东著名诗人、学海堂山长谭莹获澳门人馈赠青洲蟹，遂作七言律诗一首：

岛中珍味冠熊鱼，一例无肠定不如。
风雪估帆天气换，烽烟蛮榼世缘疏。
谁堪出将征佳兆，人笑居夷乏远书。
闻说避兵仍踵至，大都留飨武陵鱼。[2]

诗人称赞青洲蟹为珍品，“味冠熊鱼”。可惜，这一美味我们现在已无法享用了。究其原因，诗人汪兆镛在《咏青洲》中进行了说明：

青洲旧隔水，倏忽海岸连。
松杉绿如雾，荡漾晴霞妍。
蕃寺有兴毁，可考天启前。
新制士敏土，机厂崇且坚。
只惜佳蟹绝，持螯空流涎。

诗中原注为：“青洲山下海水淤浅……山下旧产黄油蟹，极肥美。近年设士敏土厂，掷灰海中，佳种顿绝。”[3]

---

① 中山市地方志编纂委员会办公室：《香山县乡土志》卷十四，中山地方志办公室，1988。

② 章文钦：《澳门诗词笺注·晚清卷》，珠海出版社，2003，第50页。

③ 汪兆镛：《澳门杂诗图释》，叶晋斌图释，澳门基金会，2004，第28页。

3. 嚤啰园路

嚤啰园路其实是一条单行小巷，东北西南走向，东北端与马交石炮台马路相接，西南端连接水塘马路。嚤啰园路的一侧是伊斯兰教徒的墓地、警察局指挥部辅助部门，另一侧是学校围墙，平时人车稀少，环境宁静，在赛车期间却是跑道路段，赛车宾士角逐声响隆隆。

◆ 嚤啰园路

（1）“嚤啰”与嚤啰园

“嚤啰”本是葡文对伊斯兰教徒的称呼，而澳门本地人则把这个词借用过来泛指印度、巴基斯坦籍人士，把伊斯兰教信徒的安葬场所称为“嚤啰园”。

目前关于嚤啰园的建成时间有3种不同说法。施其乐、范岱克在《1700—1930年珠江三角洲的穆斯林》中说道：“1854年华克亚克穆斯林公司经理杰拉兹·曼克从居住在澳门的葡萄牙人菲利浦·奥佐里奥手中购买了一座乡村花园，作为穆斯林公共墓地和一座小清真寺的用地。这块地在玛丽亚二世堡垒（即马交石炮台）的下方，离华人村庄望厦不远。”①而路易士·库尼亚在《澳门的穆斯林》中写道：“澳门穆斯林于1851年建起了一座清真寺和一座公共墓地。”②而唐思则认为：“坟场始建于1774年。据说当初是由一群航海商中的伊斯兰教徒兴建了一座小型清真寺，供他们膜拜真神阿拉和先知穆罕默德。在该寺建立200周年的1974年，曾由港澳教徒重修。”③对比这几种说法，施其乐、范岱克说得更为详细，具体购买时间和买卖双方都交代清楚了；路易士·库尼亚的说法与前者相差不远，只是记载相对简单；唐思的观点则是由“据说”而产生的，这一说法的来源尚待考证。综合上述， 施其乐、范岱克的说法似乎更为可靠，其他说法有待于更多资料的支撑。

被称为“嚤啰园”的伊斯兰教坟场占地面积约3500平方米。坟场

---

① 施其乐、范岱克：《1700—1930年珠江三角洲的穆斯林》，《文化杂志》2006年第58期，第167页。

② 路易士·库尼亚：《澳门的穆斯林》，《南湾杂志》1986年第21期，第23—25页。

③ 唐思：《澳门风物志》，中国友谊出版社，1998，第109页。

◆ 伊斯兰教坟场（约1890年）

的入口有一座建于1973年的高大门楼，上书“澳门伊斯兰清真寺及坟场”。坟场内葬有不少中国、印度、巴基斯坦等国的伊斯兰教徒，不分国籍，只要信奉伊斯兰教便可安葬于此。坟场内大树成荫，其中著名的有大凤梨树。坟场周边有高达2米多的围墙，马路旁难以窥见其内部。园中的清真寺由几个穆斯林社群共用。

嚤啰园所处的街角正在嚤啰园路与马交石炮台马路的交点，街角左边一段斜坡通往马交石炮台。炮台带刺的铁丝网后面树木凋零，气氛肃杀，而穆斯林花园和清真寺的大片竹林及茉莉交相辉映，生趣盎然，两相比照不禁令人感慨。

◆ 门楼上书“澳门伊斯兰清真寺及坟场”

◆ 嚤啰园路上的澳门伊斯兰清真寺及坟场

（2）嚤啰园路

嚤啰园路是澳门唯一一条以“嚤啰”命名的街道，路名最早出现于1925年的《澳门市街道名册》。但在1889年2月28日的《澳门宪报》中已出现“嚤啰花园之路”，内容为：“东望洋山及该山向海边马路，及马交石炮台山，并前往劏狗环之路，即嚤啰花园之路，现为疫症人坟墓等处，一概禁止行人，特出示粘在常贴告示处。”

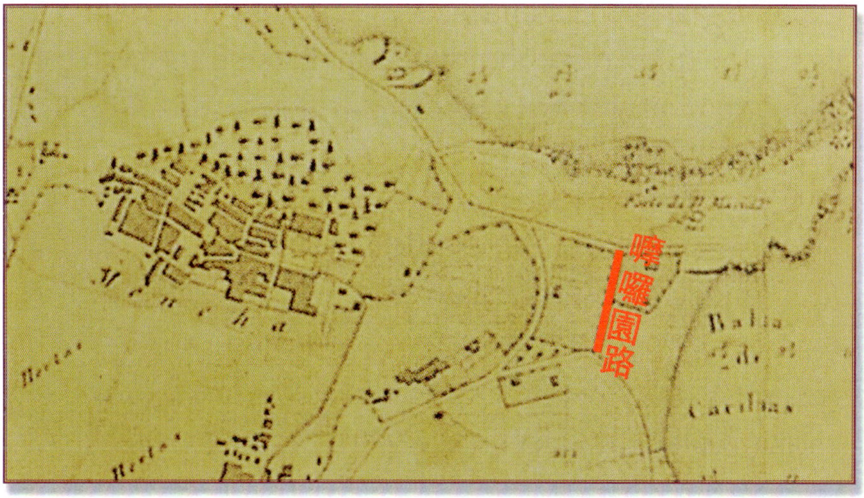

◆ 1866年澳门地图中的嚤啰园路

在W. A. 里德绘于1856—1866年的《澳门和离岛》图中，也绘制出嚤啰园路的一段。地图中的嚤啰园路要比现在短，只在马交石炮台马路前止，并没有穿过马交石炮台马路而与其另一端相交。

（3）濠江中学

濠江中学位于嚤啰园路的西侧，其正门则位于亚马喇马路。濠江中学昔日在一间破屋开办初级小学，发展到现在已有四个校区，位于亚马喇马路的为学校的本部。

濠江中学创建于1932年，校址在天神巷，首先由黄仁辅校长主理，是一所以爱国、爱澳、为社会培育人才为宗旨的学校。创办之初仅设初级小学，1935年，黄晓生校长接办，并由黄仲榆先生任董事长，校董会积极推动校务发展，历时数年将其发展为完全小学。1936年开设初中部。 1937年，抗日战争全面爆发后，澳门人口激增，求

◆ 濠江中学

学者众，学校扩充班级，兼办妇女夜校。翌年，中学部扩设于近西街（今美丽街）11号，小学则设于惠爱街32号。1941年，小学分校扩迁至镜湖马路73号—75号（即幼稚园现址）。1942年，太平洋战争期间，澳门经济萧条，中学部被迫迁回天神巷。翌年，中学部迁至镜湖马路，与小学部同址，并改为免费中学，备受社会人士赞许。2000年12月20日，澳门回归祖国一周年，时任国家主席江泽民亲临濠江中学视察，赞扬了学校在社会上发挥的作用，并题词“濠江中学，桃李芬芳”。

濠江中学的所在地原为一花园，称为“陆园”。王文达对此有记载：“当年除有螺丝山下之乐园外，尚有陆园一所——即今濠江中学校址，既设凉亭茶座，更备秋千杠架等以吸引游人。”[①]关于陆园，冯印雪有《陆园消夏绝句》：

---

① 王文达：《澳门掌故》，澳门教育出版社，1999，第297页。

参差林景日玲珑，双蝶魂摇澹宕风。
一筒草亭窗四面，高吟人在绿荫中。[1]

陆园后来易主，改称陶园，增设歌坛，极一时之盛。[2]易主后的陆园，仍吸引了不少游人来此游玩赋诗。昔日雪社成员周佩贤就有《陶园即事二首》：

炎炎夏日草芊芊，一树斜阳一树蝉。
愁绝侬来独不见，绿荫荫处接流泉。

放眼中原几劫灰，陶园清夏且徘徊。
漫言逸兴无人会，已有诗仙日日来。

上述不管是咏陆园还是咏陶园的诗都作于1925年，然而世事变迁，至今百年不到，我们已无从了解这一园林式酒家的主人与具体状况，只能在前人的诗篇中管窥其美，连其位置也变得难觅，详址亦待考。

然而，根据古地图我们或许可以寻其痕迹。倘若陆园（后易主称陶园）真如王文达先生所说为今濠江中学所在，倒是可以在往昔的地图中追寻其痕迹。在W. A. 里德绘于1856—1866年的《澳门和离岛》图中，大约今濠江中学的位置绘有一长方形建筑，莫非这就是昔日的陆园？

① 章文钦：《澳门诗词笺注·民国卷下》，珠海出版社，2003，第286页。
② 王文达：《澳门掌故》，澳门教育出版社，1999，第297页。

4. 市场街

市场街，由祐汉新村第四街前的长寿大马路起，至祐汉新村第六街前的长寿大马路止。市场街环绕着祐汉街市和祐汉公园，并与长寿大马路相接。市场街得名于祐汉街市。据1989年7月3日的

◆ 市场街

◆ 祐汉街市

《澳门宪报》所载，该街命名于1989年："澳门市政厅布告本厅在一九八九年五月十二日之平常会议，议决以下街道命名为市场街，属花地玛堂区。由长寿马路即祐汉新村第四街对面起至该马路即祐汉新村第六街对面止。"

（1）祐汉街市

祐汉街市正式名称为祐汉市政综合体，是目前澳门最具规模的新型街市建筑。该街市的兴建计划于1987年提出，但因当时市政厅缺乏足够的资金而被搁置。直至1991年市政厅追加预算才告实施。街市最终于20世纪90年代建成，并投入使用。街市是一座楼高四层，方正宏伟，外形美观，以红色为主调，鲜艳夺目，占地约一万平方米的建筑物。街市主体部分，最低层售卖鱼鲜、干货，第二层售卖蔬菜、肉类，第三层专售禽蛋类。各层摊位间隔整齐，四方形走廊环绕所有摊档，第四层为社区中心，天台设雪屐场、篮球场及羽毛球场。在建筑物内四角，设楼梯通道，另有三部电梯，方便居民上下。外围辟设固定小贩摊档，行列整齐划一。这座建筑除街市外，还增添其他附属设施，以适应北区居民需求。

祐汉街市公园为祐汉市政综合体的一部分，于1993年建成并启用。1995年，当时的市政厅对公园进行改建，将旧有圆拱形附有牌坊门楼的公园拆掉重建，下层增加了汽车停泊位，地面加设了石座椅、花圃、绿植、舞台。现在的街市公园不设围栏，采取开放式，四周都可以进园。正面建设一座古式牌坊门楼，象征公园入口。园内四周建宽大花圃，栽种花草树木。原有的喷水池则改建为阶梯式看台，正对面建有永久性舞台，舞台下可以贮放演出用的桌椅等物品。如今的公园适应了该区人口集中的特点，不失为举行文娱表演、社团康乐活动的好地方。

（2）曾经的赛马场

19世纪初，市场街附近曾有一个赛马场。但今赛马场早已搬到由澳氹大桥和新公路与澳门半岛连接的氹仔。赛马场开始修建于1924年8月22日。1927年3月19日，澳门赛马场正式建成，占地约0.13平方千米，颇具规模。马场设备和赛马规则均效法香港，每月举行八至十次大赛马，也培养出了一批华籍骑师。但据澳门著名作家飞力奇的记录，澳门赛马正式开业的时间是1931年12月6日。他说："1931年12月6日，在澳门赛马会的赛场上赛马正式开锣。"他

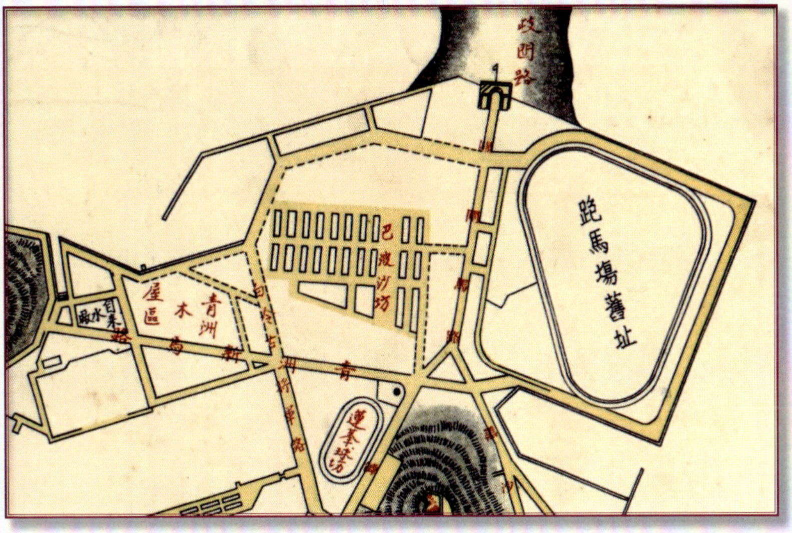

◆ 1953年的赛马场（底图是1953年澳门市全图）

◆ 澳门赛马（20世纪20—30年代）

还记录了当时赛马的盛况。

后来由于“二战”，澳门的赛马受到影响，只得停办，马场也因此空置。而后荒芜的赛马场被潮籍农民开垦成菜地，昔日奢靡娱乐的“销金窝”变成了农副产品生产地。直至20世纪80—90年代，因城市发展需要而进行了规模较小的填海工程，并且将农地发展为住宅区。这些住宅区，当地人称之为“祐汉新村（邨）”。这一时期，大量新移民涌入澳门，由于北区生活成本较低，新移民大多定居于祐汉、关闸、台山一带。经过多年的发展，祐汉区已成为一个大型住宅区，区内交通方便，是澳门居住人口密度较高的区域之一。

5. 罅些喇提督大马路（提督马路）

罅些喇提督大马路，常被华人简称为“提督马路”，位于澳门半岛西北部。北起青洲大马路与巴波沙大马路交界，南接沙梨头海边街，呈东北—西南走向，是澳门半岛南北交通要道。此马路昔日位于澳门半岛西岸，是在20世纪30年代初填海形成的陆地上修筑的。该马路西面靠近筷子基南湾。该大马路的北段东面是望厦山，其北麓有古老的莲峰庙，历史悠久；西面是赛狗场和莲峰球场，莲峰球场的前身是赛狗场。

罅些喇原是澳门的一位海军上将。1911年12月22日，海军中校罅些喇出任澳门港务局局长、生鸦片进出口监督及天文台台长。

◆ 提督马路

◆ 海军上将罅些喇

罅些喇在1918年10月新任澳门总督巴波沙到任前，曾被委任为代理澳门总督。他在任港务局局长期间，为港口工程建设作出了很大贡献。他还促成了澳门第一次工业展览会的举办。为了纪念其功绩，人们用他的名字来命名该路，另外还有条街道名叫罅些喇海军上将巷。

（1）提督马路的沿革

在19世纪60年代开始第一次填海以前，澳门半岛东侧海岸线北端，为沿今天的关闸马路东侧向南经过莲峰庙旁，折向东南沿莲峰山北麓到螺丝山北麓，再向东从海角游云以东绕过马交石山，然后沿东望洋山东南麓一直向西南，绕过嘉思栏后沿南湾大马路、西湾街和民国大马路内侧到达妈阁嘴；澳门半岛西侧海岸线北端，则沿关闸马路西侧向南经过莲峰庙和望厦山西麓后，大致沿今天的罗若翰神父街、渡船街向西南，再绕过白鸽巢的北麓和西麓，然后经过快艇头街、庇山耶街、宜安街、司打口和下环街附近，到达妈祖阁和妈阁山麓。青洲则是孤悬于濠江中的一个小岛，岸线就在山脚。

罅些喇提督大马路所在的地方原为海侵之地，是浅湾的一部分（由沙栏仔向北，沿沙梨头、新桥至莲峰山一带统称为浅湾）。1866年到1910年，澳门当局开始在澳门半岛西北岸的新桥、沙梨头地区填海。主要是从莲花山一直到白鸽巢，把海岸拉成直线。后来在新填的陆地上又开辟了罅些喇提督大马路、沙梨头海边街等地。①至1910年，虽然沙梨头以北的岸段，提督大马路的轮廓已形成，但

① 张耀光：《澳门海洋空间资源利用研究——澳门的填海造地工程》，《地域研究与开发》2000年第1期。

其内侧仍未完全填筑完毕。[1]1925年的《澳门市街道名册》记载："罅些喇提督大马路起自沙梨头海边街之终点；现终于美副将大马路，将于未来拓展至黑沙环运河。几家新造船厂位于此大马路。"由此可知在1925年，罅些喇提督大马路的终点是在美副将大马路。结合1925年的《澳门市街道名册》中对连胜马路的描述，可知从美副将大马路起至莲峰庙的这一段当时是连胜马路的一部分。这也符合1993年的《澳门市街道名册》中提到的"该马路（罅些喇提督大马路）最后一段，从连胜马路至终点最初是旧连胜马路的一部分"。

根据1933年7月29日《澳门宪报》，"澳门议事公局：为布告事按因近日下列之街道工程已修改完竣，特定该道由何处为起点至何处为终点明列如下。连胜马路：由镜湖起至美副将马路止。……罅些喇提督马路：由沙梨头海边街为起点，青洲马路为终点。"由此看来，罅些喇提督大马路直至1933年才竣工。竣工后的提督马路是贯通南北的主要通道，以前要通过关闸到内地的车辆大多走这一条路。三四十年前这一带是杉栏、船厂的集中地，由于造船的需要，锯木厂也集中在此，此外还夹杂着火柴、香业、酒厂等传统工业。近年来，随着澳门社会经济的发展，旧楼陆续被拆除，重建工业大厦、商住大厦，这条路可以说是澳门的一条"工业大道"。

（2）莲峰庙

莲峰庙，位于澳门罅些喇提督大马路莲峰山前，为澳门三大古庙之一，也是本地建筑规模最庞大的庙宇之一。莲峰庙曾数次易名。最初因莲峰庙祀天妃，故称天妃庙；之后庙又祀奉观音，所以称慈护宫。直到乾隆年间，庙宇经过一次大规模的重修，庙貌焕然一新，因

① 黄就顺等：《澳门地理》（电子版），第九章，澳门基金会，1993。

◆ 莲峰庙

此被称为“新庙”。最终称为莲峰庙是始于清朝道光年间，据汪兆镛载：“国朝道光十年，香山县知县钱塘许乃来援西岳华山庙例，题门额曰‘莲峰庙’，相沿至今。”[①]

① 章文钦：《澳门诗词笺注·民国卷上》，珠海出版社，2003，第129页。

关于莲峰庙的建庙年份有多种说法，其一为谭世宝先生在《澳门三大古禅院之历史源流新探》一文中指出，莲峰庙创建于清康熙六十一年（1722）至雍正元年（1723）。[①]另一则在王文达先生所著的《澳门掌故》中记载，此庙原为天妃庙，是所小庙宇，建于明朝，后于雍正元年癸卯（1723）集资扩建并更名为“慈护宫”。[②]对照两者的说法，主要分歧在于前者认为莲峰庙是于1722—1723年间在莲峰山脚侧选一新址，开基创建的，而后者则认为莲峰庙是在明朝就已存在的“天妃庙”基础上扩建的。然而，庙宇大多有一个从小到大、从简陋到富丽堂皇的发展过程，两者说法孰是孰非尚难定论。

莲峰庙在嘉庆六年（1801）、同治五年（1866）两次重修。同治十三年（1874），澳门大风灾亦对莲峰庙破坏不小，全澳各行铺发动了这次重修。这次重建捐款规模亦达澳门历史之最，商号及个人捐款甚多，且遍及澳门和与澳门有关的广州、香港以及广东其他地方乃至天津、上海、九江等商埠。重修耗资达12603.74两白银。重建后的莲峰庙，其建筑横连五座，园苑四围，外庙三间，内殿数进，门前空地，广阔逾亩。正门居中为莲峰庙，入庙则为天后殿，庙左为武帝殿，庙右为仁寿殿。仁寿殿前座为神农及医灵殿，中座为仓颉、沮诵殿，后座为金花及痘母殿。其中梵宫佛宇、禅房僧舍、亭台园榭、围杆石栏，美轮美奂，是故，莲峰庙得以跻身于澳门三大禅院之列。

莲峰庙作为澳门三大名刹之一，其声名远扬不仅在于供奉诸神，而且在于自乾隆时期起，它即为中国官吏商贾集中议事之所。莲峰庙

① 谭世宝：《澳门三大古禅院之历史源流新探》，《文化杂志》2002年第42期，第4页。

② 王文达：《澳门掌故》，澳门教育出版社，1999，第47页。

◆ 莲峰庙（约1890年）

早在清初就是华人商贾的议事地，中国官吏的驻节处，更因民族英雄林则徐的事迹而熠熠生辉。据史载，两广总督林则徐在虎门销烟后，怀疑鸦片可能由澳门流入，遂于道光十九年（1839）亲临澳门督察。他就是在莲峰庙正殿前的亭台召见葡萄牙官员的。如今，天后殿还保留了林则徐当时办公的亭子、几案，殿上悬挂着“恩光浩大”的牌匾。1989年，为纪念林则徐来澳150周年，在庙前广场竖立了林则徐立像。此外，1841年在莲峰庙举行的莲峰庙会议，在中葡关系史上也是重要的一笔。1841年在澳督席尔维拉·边度和议事会的倡议下，澳门政府与管理澳门的广东地方官道台易中孚、前山同知蒋立昂等在莲

◆ 莲峰庙（约1905年）

◆ 莲峰庙（约1900年）

峰庙举行会议，双方就澳门自由贸易等问题进行了一次长达两小时的会谈。

（3）红街市

红街市位于罅些喇提督大马路与高士德大马路的交界处，是具有20世纪建筑特色的楼宇，由土生葡萄牙人建于1936年，属装饰艺术风格。该街市由飞南第第三伯爵设计建造，呈“装饰艺术”型钟楼式外形，楼高三层，占地甚广。因建筑物外墙为红色，故称“红街市”，又因其面对罅些喇提督大马路，故又称“提督街市”。[1]

红街市迄今已有80多年的历史，现今街市的正门仍然镶嵌着“1939”的字样，但那只是它重建的年份。大楼为三层的平行六面体建筑物，以红砖砌成。平面为两轴对称布局，以中间的钟楼设置梯级入口，是典型的后现代主义建筑。四个角落各有角楼，四周的墙壁上，挂立着突出的方柱体作护壁，其建筑风格是20世纪20年代才在欧洲发展起来的一种艺术风格。红街市占地甚广，楼分三层，一楼、二楼两层宽敞阔大，面积达5000平方米，第三层则狭高如塔，塔楼由一座东正教十字形底座承托着，距离地面达24.6米，但实用性不大，装饰性较强，衬托出整座建筑的宏伟壮观。外绕以围墙，有露天回廊，

① 费尔南德斯：《自本世纪20年代迄今的澳门》，《文化杂志》1998年第36、37期，第99页。按：费尔南德斯认为，红街市还存在另外一种说法，即1934年由儒利奥·阿尔贝尔托·巴斯托建筑师设计建造。

◆ 红街市东北角（约1930年）

◆ 红街市

原种有树木，环境清幽。整座建筑物在线条、形态及其他方面都比较和谐。

在街市初建的20世纪30年代，附近还很僻静，初期街市外围墙并非密封的，围墙有钢筋三合土及铸铁的装饰，图案丰富。围墙四边有草坪，高士德马路及提督市北街的两面种有花卉。在20世纪40年代，街市前还有一片旷地，植有树木。时至今日，环境大变，高楼矗立，商店林立，日间车如流水、人如潮涌、货如轮转，红街市成了闹市。

（4）莲峰球场与赛狗场

莲峰球场的所在地即为当年的芦兜城，是昔日的澳门半岛西岸。20世纪20年代澳门政府于北段以西的水面开始填海，所得土地

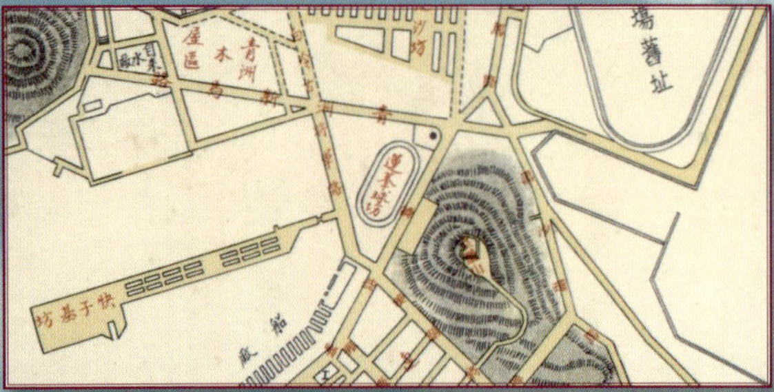

◆ 1953年的莲峰球场（底图是1953年澳门市全图）

◆ 逸园赛狗场

即为莲峰球场。

莲峰球场前身为赛狗场。1931年11月26日，位于莲峰山山麓的赛狗场地正式开张，观台可容纳1500人。先是数名华人与美国人在澳门成立“澳门赛狗会”，兴建赛狗场，设置看台、跑道、狗圈等。同年，澳门赛狗会正式开幕，主办者特从美国请来一支由24人组成的女子乐队表演，仪式相当隆重，场面尤其热烈。其时跑狗赛每逢周末举行，晚8时30分开始，至11时30分左右结束，每晚比赛8场，观众下注买“心水狗”，消费颇高，连入场券每位都收费1元（澳门币）。由于消费高昂，1936年即宣告停办。[①]

赛狗场开设于1931年，历经沧桑，再三易主。1936年，赛狗场停办，一度改为娱乐场，有粤剧、杂耍表演，还有露天舞场、各种博彩，后因生意不好，不久即告停业。1941年间，澳门政府因赛狗场停办，将之改建为运动场，因运动场位于莲峰山下莲峰庙前，一般俗称莲峰球场，而今还增设游泳池。2018年6月30日，赛狗场举办了最后一场赛事，并于7月21日正式结束营业。

逸园赛狗场有体育场似的大建筑，一边是椭圆形的梯形大看台，可容纳近万名观众，看台前边是环形跑道，中间则为大足球场，除主要用作跑狗外，平时常举行球赛及田径赛。该场有两个门，一个在白朗古将军马路，是逸园赛狗场的大门，另一个在罅些喇提督大马路，门楼像纪念碑般耸立，原是运动场入口。

① 李鹏翥：《澳门古今》，澳门星光出版社，1986，第31—32页。

6. 马交石斜坡（黑沙环斜路）

马交石斜坡，由亚马喇马路起，至俾利喇街止，位于黑沙环马路对面。

◆ 马交石斜坡

（1）马交石之谜

马交石之名，最早见于清乾隆时期成书的《澳门纪略》："出闸经莲花山，山下有天妃庙。北麓有马蛟（交）石、椭石硗、无趾三小石承之，相传浮浪至。"然而，此条记载并未指出马交石的确切位置，只模糊说是"北麓"。之后的史籍也未能超越此条，如阮元《广东通志》卷一二四所附《澳门图》中，马交石位于观音堂北一海岬旁，祝淮《香山县志》卷四附《澳门全图》则载马交石在澳门东北角海边。尽管图中标出了马交石的位置，但只是示意图，并不能确定其准确位置。

有说马交石在螺丝山的山腰，前临大海，被澳门当局凿去，辟作螺丝山公园。但据《澳门纪略》记载，马交石应在海边，而不在山上。当然，如果说这几块巨石相迭乃自然形成，容易理解，但难以使人相信"浮浪至"的传说，可能是古人的一种附会。

有说马交石在澳门东北隅，天后庙对面的海滩处。据说，庙侧岗陵上有一块椭圆形之巨石，由三片石在下承托，上刻有一"礮"（炮之古体）字，为明人所书，后因石裂分开为"马""交""石"三字，遂成了此地区之名。及后，天后古庙加筑"观音岩"一间，此石就被凿除，踪迹杳然。然而，这也只是传说而已，并未有人见过此石。

更有人说该石尚在海滩，澳门曾于石顶修筑平台，方便游人观海，即《澳门市街道名册》中所说的"圆台仔"。查1993年的《澳门市街道名册》中的记载："马交石，此名指本市马交石山东北斜坡之区，并向海伸展，在自来公司水塘与黑沙环地区和渔翁街之间。此区近海之一端，有石一块，上有一台，中国人称之为'圆台仔'。"对比之下，便知其为附会之言，此石非彼石。《澳门市街道名册》中所载的“马交石”为一泛指的区域，并非《澳门纪略》中所说的马交石。

马交石早已不存，其位置也成为了一个谜，但马交石之名却留在了骚人墨客的诗篇中。丘逢甲当年去澳门时，写就《澳门杂诗》十五首，其中就有一首咏马交石：

覆路榕阴接海堤，望洋东转望洋西。

马蛟石上看潮立，十万军声战水犀。

（注：望洋东、望洋西，皆地名。马蛟石，为观海最胜处）。[1]

如今人们把马交石附近一带都称为“马交石”，包括螺丝山、马交石山、渔翁街、基督教坟场及电力厂附近一带。

（2）螺丝山公园

螺丝山公园位于马交石斜坡的南端，是一个设计、建筑都别具匠心的公园。此公园于1898年由葡萄牙工程师雅疗努尼士设计。公园依山而筑，循着红砖小径，回旋而上，直抵山巅的螺旋形小塔，整座公园形似一颗巨型螺丝，趣味盎然，故得名。

也有传说这里曾有俄罗斯人隐居，称为罗斯山公园。但据王文达先生所述：“查马交石螺丝山花园，澳门前榜其名为罗斯山花园，想为当年缮街名者，竟将螺丝写为罗斯耳。岂知一误竟然再误，译葡名者，又以为罗斯乃俄罗斯之意……真是离奇曲折，错误百出，良可哂也。”[2]读罢，才知原来传说是源于讹误。

① 丘晨波、黄志萍、李尚行：《丘逢甲文集》，花城出版社，1994，第150页。

② 王文达：《澳门掌故》，澳门教育出版社，1999，第269页。

◆ 螺丝山公园之一

◆ 螺丝山公园之二

螺丝山公园又被称为马交石公园，这与另一则传说有关。“另据古老传说谓：马交石，原在螺丝山山腰，前临大海，早被澳门当局凿毁，开辟马交石螺丝山花园云。故至今，人皆称螺丝山花园为‘马交石’。”[①]从前人留下的诗词来看，确实人们常把螺丝山当作马交石。如汪兆镛的《马蛟石》[②]：

欹岸一卷石，巧作螺旋形。
坡陀生杂树，接叶参天青。
天风卷海涛，万象入窈冥。
夕阳半山赭，纷遝来香軿。
销夏此胜区，晚凉闻素馨。

◆ 螺丝山公园（约1900年）

① 王文达：《澳门掌故》，澳门教育出版社，1999，第270页。
② 章文钦：《澳门诗词笺注·民国卷上》，珠海出版社，2003，第24页。

黄棣华的《题澳门马交石》：

山形削就作螺旋，石径迂回次第穿。

失却本来真面目，人工虽巧岂天然？[①]

尽管人们对螺丝山有不同的称呼，但仍不掩其优美，因而葡萄牙人称之为美丽风景区。这一名称也被应用于螺丝山下的新雅马路。

（3）基督教新坟场（红毛坟）

基督教新坟场位于望厦山东南端，即马交石斜坡附近及圣母坟场侧。被称为新坟场，是相对于贾梅士广场附近的旧坟场而言的。1857年澳门城墙内禁止安葬，贾梅士广场附近的新教徒坟场也被关闭，[②]因此，新教徒会于1858年在望厦一带购置新地块以安葬死者。新坟场的前身为“卡内罗花园”。埃斯特旺·卡内罗是澳门大富商、大业主，是澳门卡内罗家族第二代。1785年11月17日生于葡萄牙赛拉韦扎（Selavisa），何时来东方不详。1819年已在马尼拉从事贸易。1831年以前他已至澳门。1825年他从雅努阿里奥·阿尔梅达手中购买了住宅“男爵宫”。埃斯特旺·卡内罗两次出任澳门议事公局理事官，是中国近代史上的一位重要人物。1854年8月5日，卡内罗在澳门去世。其后，“卡内罗花园”卖给英国驻澳门领事克雷威尔利·奥斯穆德作为基督新教徒墓地。

---

① 黄棣华：《负暄山馆游诗草》，香港永发印务有限公司，1927，铅印本，第51页。

② 施白蒂：《澳门编年史·19世纪》，姚京明译，澳门基金会，1998，第131页。“1857年10月16日，议事公局通知在澳门的基督新教差会，自12月10日起，市区内不得再埋入任何死者，新教徒坟场亦需关闭。”

7. 美副将大马路

美副将大马路位于澳门半岛中部以北，由士多鸟拜斯大马路与亚马喇马路之间海边马路起，至罅些喇提督大马路、白朗古将军大马路前止。路名是以一位澳门土生葡萄牙人、军人美士基打的名字命名的。该马路是花地玛堂区与圣安多尼堂区、望德堂区的分界。

◆ 美副将大马路

（1）美副将其人

◆ 美士基打（美副将）

美副将（1818—1880）是出生于澳门的葡萄牙人，华人多称其为美士基打。副将是他的军衔（旧时人们把上校译为副将）。他是一名律师的儿子，1835年自愿参军，1841年成为西湾炮台的司令，1880年去世。他曾担任过澳门最重要的炮台司令，1863年就成为圣伯禄炮台司令，四年后更成为妈阁炮台的司令。

（2）美副将大马路的变迁

美副将大马路这一名称被用来命名过两条不同的马路。

它最初指的是新马路（亚美打利卑卢大马路）中议事亭前地至南湾街的一段。由于新马路是分段建造、分段启用的，澳门政府把议事亭前地至西端海旁路口命名为亚美打利卑卢大马路，而把议事亭前地至南湾东端路口称为美副将大马路。其中连接亚美打利卑卢大马路和南湾路的最后一段直至1918年10月16日始获批准。[①]新马路开通后，一路双名，颇为不便，后统称为亚美打利卑卢大马路，而将望厦普济禅院前的新辟马路（原名为望厦大马路）改名为美副将大马路。望厦大马路一名最早出现于1925年的《澳门市街道名册》中："望厦大马路即美副将马路。"由此可见，望厦大马路的建成时间应在1918—1925年间。

① 施白蒂：《澳门编年史·20世纪》，金国平译，澳门基金会，1999，第74页。

美副将大马路横穿昔日的望厦村。望厦村是澳城之外有名的小村，据《香山县志续篇》载："查望厦村，民房百余家，系光绪九年占去，添设绿衣馆、马路门牌。"光绪九年（1883），葡萄牙人强行占领望厦村并将望厦居民编入户籍。在马路尚未开通前，村内田庐相望、鸡犬相闻，俨然小村模样。开辟马路后村中不少街道随之消失，并永远进入了史籍中。这便是文第士所说："最近为了把一条大街'弄直'，一切都拆毁了，结果建成的街却是弯曲的。"[1]根据1957年的《澳门市街道名册》中"一九二五年街名部颁布后，现已被取消之街道及其他地方"部分统计大致有丛林里、树林里旗街、见小围、蚁巷、田街、芒果围、望厦庙前地、更香里、机杼巷、青砖巷、土块巷、云额巷、帽围、公牛巷等。

（3）普济禅院

普济禅院，俗称"观音堂"，在昔日望厦村的东面，因供奉观音菩萨而得名。普济禅院是澳门三大古刹之一。由于缺乏碑志，普济禅院的兴建日期至今难考。根据寺旁的寺坛，石上刻着"天启七年七月吉日立"，重修寺坛石碑则刻有"澳门望厦村之观音堂，创自明末天启年间……"等寥寥文字，可知禅院兴建不会迟于1627年，禅院内还有一个立于明朝崇祯五年（1632）的铜钟。普济禅院于清朝嘉庆二十三年（1818）和咸丰八年（1858）重修和扩建，最终呈现今天的模样。

据说今观音堂所在地是当年望厦村中的一块荒地，相传当年此地长有一棵樟树，曾有一位游历四方的僧人来到此地，在树上悬挂观音画像，每日在树下盘膝而坐，诵经念佛，借此集资募化。当时村中的

---

① 胡纪伦：《澳门街》，方无隅译，牛津大学出版社，1999，第121页。

◆ 昔日观音堂

◆ 今观音堂

福建人士也时来施僧，参拜观音。僧人用收集的资金建成能避风雨的小亭，而樟树亦被雕刻成现今观音堂里观音殿的观音像。

美副将大马路一带还有城隍庙、何氏宗祠、沈氏宗祠。何氏宗祠是村中最古老的宗祠，昔日的谚语“未有望厦村，先有何家祠”便是明证。该祠曾多次重修，才能保留至今。最近的一次重修在清朝宣统三年（1911）。

城隍庙建于光绪三十四年（1908）。庙内所立的《倡建城隍庙碑志》起首记录了两广总督张之洞的奏章，称望厦乡民“知守义，团体独固，深堪嘉尚”，这显示望厦乡民团结一致，坚持民族大义的行为，在当时是得到地方以及中央政府的嘉许的。

◆ 观音古庙

8. 望厦炮台斜坡

望厦炮台斜坡，名字来源于望厦炮台。此斜坡又曾被称为望厦坡，是通往望厦炮台的一段斜路。它是旧有的一条街道，位于美副将大马路上，此斜坡原由马交石斜坡上段即基督教新坟场大门附近起，至望厦炮台兵营门前止。

（1）望厦炮台斜坡沿革

关于望厦炮台斜坡的位置记载，最早出现于1905年的《澳门市街道名册》："由马蛟石斜坡起至望厦炮台。"然而早在1889年的澳门半岛平面图中，就已绘出望厦炮台斜坡，其位置与1906年的《澳门

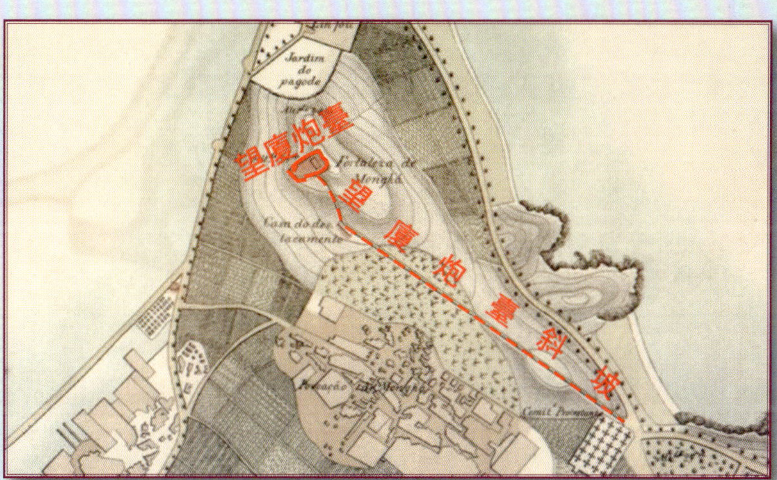

◆ 1889年澳门半岛地图中的望厦炮台斜坡

市街道名册》中的记载一致。在1925年的《澳门市街道名册》中其位置依然为“起自马蛟石斜坡之顶端，红毛坟之大门；终于望厦炮台入口处”。对照1936年的地图，望厦炮台斜坡的位置并没有变化，但在1944年的《澳门市街道名册》中，望厦炮台斜坡已经改道，改为“由

◆ 1936年地图中的望厦炮台斜坡

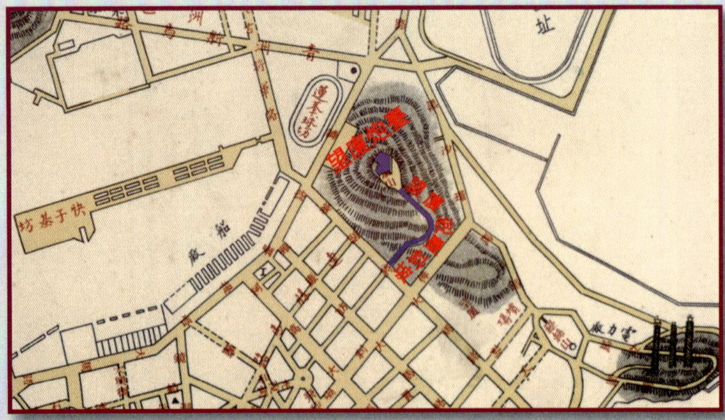

◆ 1952—1953年地图中的望厦炮台斜坡

◆ 望厦炮台入口

◆ 望厦炮台

美副将大马路与树林里之间起，至望厦炮台入口处”。该路的位置已发生明显变化，望厦炮台斜坡一改原来的直线走向，来了个90度的转弯，与美副将大马路相交。在1952—1953年的地图中，也可以清楚地看到该路的位置，图中所见的望厦炮台斜坡，与今无异，由美副将大马路起至望厦炮台止，略成直角状。综观上述分析，望厦炮台斜坡的改道应在1936年至1944年间。

（2）望厦炮台

望厦山即莲峰山。昔日山巅设炮台，称为望厦炮台，又名莲峰山炮台，位于澳门最北部的望厦山顶，与关闸直线相对，是1841年中英战争后，为了防止清政府进攻澳门而新建的军事设施。沿山脚美副将大马路转入望厦炮台斜坡，可以直达山顶。莲峰山为澳门北部屏障，控制澳门与内地的陆路通道，站在山顶，可俯瞰全澳门，地势险要。

清政府曾在此设“望厦讯”，驻兵防守，鸦片战争后撤回。

望厦炮台始筑于1849年，是当时的总督亚马喇负责兴建的。据传始建时，因未有避雷设备，而炮台又高踞山顶，常遭雷击，故时人称之为“雷打炮台”。1864年由工程兵出身的澳督阿穆恩主持望厦炮台的重建工程，1866年9月完工。炮台占地约650平方米，四周筑以石墙，入口在南面，厚木作屏，须拾级而登。内设监视亭，有军火库，布置以“安式”炮，炮火射程可远越关闸，与马交石炮台成前后呼应之态势，是澳门北面军事攻守的重地。

在19世纪末，它是重要的军事据点。过去长期被列为军事禁区，禁止游人登临览胜。自取消驻军后，望厦炮台军营便荒废空置，后辟为夏令营，供青年学生野餐宿营；原兵营饭堂改建为政府别墅，成为由葡来澳工作的公务员宿舍。1982年兵营改为旅游学校，属旅游司管辖，近更增建宾馆。而山顶那座用钢筋水泥构筑的碉堡和炮台，被作为文物保存下来。现今，澳门半岛上高楼林立，从炮台只能俯瞰山下鳞次栉比的楼房了。不过该炮台现已成为澳门保存完整的炮台古迹之一。

9. 莲峰街

莲峰街，由制造厂巷起至拱形马路止。莲峰街历史较为短暂，命名于1992年。

1992年3月30日《澳门宪报》：“市政厅于1992年2月21日之市政会议，决议将本澳公共街道确定莲峰街、顺风巷和莲峰巷的名称中文为莲峰街，属花地玛堂区，由制造厂巷起至关闸横路（拱形马路）止。”

◆ 莲峰街

10. 何贤绅士大马路

何贤绅士大马路在澳门半岛北部台山地区，东面由关闸广场起，西南至青洲大马路，是该区的主要道路。此街道名来源于一位华人。该马路是20世纪80年代后期新开，以澳门已故著名华人工商业家何贤的名字命名。据1992年1月27日《澳门宪报》载，该街道命名于1988年，“澳门市政厅布告：市政厅于一九九一年十二月二十日之市政会议，决议确定何贤绅士大马路之界限。一九八八年八月二十六日之会

◆ 何贤绅士大马路之一

议决议将（鸭涌河）纪念孙中山公园附近马路定为此名，作为对他在加强中葡居民友好关系方面，曾显著及无可比拟地做出的工作而致以崇高的敬意”。据1992年的《澳门市街道名册》记载，该马路被正式命名为何贤绅士大马路，原来的鸭涌河边街这一名称被取消。

何贤是广东番禺人，曾为澳门著名的商业领袖。难能可贵的是，举凡爱国活动、社会福利事业、文教体育活动、慈善事业，他都出钱出力，还经常出面调解社会纠纷，关心故乡建设。有“外交大臣”“影子澳门总督”“澳门王”之称，深受人们爱戴，社会威望极高。他在澳门发展史上占有重要地位。为纪念其功绩，故以其名字命名该街道。

◆ 何贤绅士大马路之二

孙中山市政纪念公园

孙中山市政纪念公园，于1987年辟建，因沿鸭涌河，初名鸭涌河公园。1990年，园中竖立孙中山先生铜像，市政厅乃正式命名为纪念孙中山公园，又名孙中山市政纪念公园。

公园位于澳门西北角，是近年来澳门市政厅投资兴建面积最大的公园，也是澳门半岛规模最大的公园。建园之前，这里原是一片泥潭，被辟为澳门的垃圾处理站。后经过20余年的积累，成了一座人工山。公园占地约达7万平方米，长390米，宽130米，为长条形，西北走向。

公园的景观分成两部分，东北部是中式设计，有人工湖、曲桥、凉亭、小楼；西南部是西式设计，有体育设施及温室。东北部的凉亭建在人工小山上，可眺望内地拱北。小楼红墙绿瓦，幽雅恬静；曲桥迂回，趣致迷人。1996年，公园中央草坪矗立起一座象征中葡友谊的钢制纪念雕塑，题名为“永远的握手”，引得游人驻足观赏、摄影留念。环绕公园中部尚有一条长达500米的回廊，这是澳门所有公园中最长的回廊，连接园中大部分景观。在公园中部及西南部还包括露天剧场、回力球场及温室等设施。剧场可容纳数百名观众一同观看表演。

花王堂区

花王堂区又称圣安多尼堂区，位于澳门半岛的西部，是澳门半岛五个堂区之一。其北接花地玛堂区，南连大堂区，东邻望德堂区，西临内港。本堂区是澳门半岛的行政区之一，是全澳门人口密度最高的一个区，人口数量仅次于花地玛堂区。

堂区历史

花王堂区旧称圣安多尼坊，为澳门旧有的三个坊区之一，原为天主教会的堂区。据1894年1月9日澳门政府第4号札谕称，为便于征收国课业钞，将澳门定分为三坊：一为圣老楞佐坊，俗名风顺堂约；二为大堂坊；三为圣安多尼坊，俗名花王堂坊约。故可得知，该区最初命名于1894年。把澳门划分为堂区，表面上是方便缴纳业钞（即房屋税）管理，实际上是鸦片战争之后，葡萄牙人已无视清廷，肆意从盘踞地向外扩张，至19世纪末，擅自把当时“澳城”以外的望厦村、龙田村、龙环村、沙梨头村等划入管辖范围，故“划定坊约”以管理。这一时期正式将新桥、沙岗、望厦等处划入圣安多尼坊。如今该区域包括沙岗、新桥、沙梨头等地，望厦则归属于花地玛堂区。著名的大三巴牌坊、大炮台、白鸽巢公园（贾梅士花园）均在此区内。本区是澳门主要商住区和传统工业区，但工业场所混杂于商住区内，规模较小。

◆ 圣安多尼坊

堂区范围

该堂区旧称为圣安多尼坊，自大堂坊界北起至关闸以内的地方均属该坊范围；具体范围大约由关闸北起直线，又由海向南，经火药局、白头坟墓、连胜街、青春街、桥巷、新桥涌，直至内河为界之地。[①]

如今据1993年的《澳门市街道名册》中所载街道的区域划分情况，可总结出花王堂区的具体位置，即在美副将大马路以南，贾伯乐提督马路—镜湖马路以西，炮兵马路—大炮台街—卖草地街—草堆街—康公庙前地—美基街以北，内港以东。

① 邓开颂、余思伟、陆晓敏：《澳门沧桑》，珠海出版社，1999，第204页。

堂区街道

从1557年开始不断有葡萄牙人以蚝镜澳（澳门的古称）为固定的停泊地，在沿海的西南部一带筑室聚居，形成了以花王堂为中心的葡萄牙人居留区。原花王堂区包括花地玛堂区与望德堂区的部分区域，后由于城区的扩展及市政建设，大量街道得以开辟出来，用街道划分堂区，从而使堂区之间的界限更加明确。

从当代澳门地图上不难发现，花王堂区街道的布局特征是靠近教堂的街道，其历史久远，街道多依地形而修建，呈无规则形；反而那些远离教堂的街道多在近现代开辟，街道相对整齐，并呈棋盘式。

因花王堂区是一老坊区，故其包括大量历史性及传统性的街道，主要有耶稣会纪念广场、嘉路米耶圆形地（三盏灯）、聚龙旧社、十月初五日街（泗喺街）、凉水街、关前正街、茨林围、俾利喇街（分属花王堂区及花地玛堂区）、莲茎巷、白鸽巢前地、恋爱巷、大三巴街、花王堂街、沙栏仔街等。

1. 耶稣会纪念广场

著名的耶稣会纪念广场位于澳门的标志性建筑物大三巴牌坊对面，在大三巴斜巷、大三巴右街及大三巴街之间，该路的一部分由一段

◆ 耶稣会纪念广场之一

宏伟的石级组成。如果从正面拱廊的阳台俯瞰，可看见整个广场。现在广场成了旅客聚集的地方。

◆ 耶稣会纪念广场之二

（1）街道命名时间

1869年7月26日澳门政府正式确定了第一批官方命名的街道，并刊登在宪报中，而这第一批街道中就包括“大三巴石级”，此乃耶稣会纪念广场的前身。那么究竟何时将“大三巴石级”更名为“耶稣会纪念广场”的呢？据1993年版的《澳门市街道名册》记载，大三巴石级已经不存在，并已经更名为耶稣会纪念广场，同时记载了此广场出现在1964年8月10日的市政文件上。可知，在1964年或之前“耶稣会纪念广场”便已被正式命名。而在1957年的《澳门市街道名册》中还未出现有关耶稣会纪念广场的记载。那么以此推测，耶稣会纪念广场被命名的时间应在1957年至1964年之间，而且更接近于1964年。

（2）圣保禄学院

圣保禄学院，乃是培训进入中国传教修士的耶稣会修院。“1560年，第一批耶稣会会员到达澳门。”①随后，一批批的耶稣会会士陆续来澳门传教并定居下来，于1565年创办了圣保禄公学，此乃圣保禄学院的前身，原为一所仅具小学规模的学校。1594年12月，原来只有小学规模的圣保禄公学升为大学规格的圣保禄学院，是澳门历史上第一所高等学校。此后的耶稣会会士凡入华传教的，一律要先在澳门学习中国语言文字和礼仪。学院本身曾于1762年因“反耶稣会风潮”而关闭。1835年1月26日黄昏，圣保禄学院失火，火势一发不可收拾，焚烧两个多小时，将圣保禄学院及其附属的教堂烧毁，仅剩下教堂的正面前壁、大部分地基以及教堂前的石阶，而剩下的圣保禄教

---

① 施白蒂：《澳门编年史·16—18世纪》，小雨译，澳门基金会，1995，第15页。

◆ 大三巴牌坊

◆ 大三巴牌坊（约1874年）

堂的前壁，就是俗称的大三巴牌坊。

圣保禄学院从创立起至1835年毁于大火，共存在了200多年，培养了大量沟通中西交流的传教士。可查的先后来进修学习的西方传教士人数有200多人，其中不乏在中西文化交流方面作出特殊贡献的人，如利玛窦、金尼阁、南怀仁、汤若望、郎世宁等。这些耶稣会会士推动了明末清初中国的文化教育和科学技术的发展。当然也培养了很多通晓西学的人才，如清初著名诗人及画家吴渔山。因此该学院曾被誉为“知识之屋宇，神圣之花园，使徒之学校”。圣保禄学院成为中西文化交流的殿堂。

当然圣保禄学院除了在教育和文化方面的特殊作用外，更在医疗方面作出了不可磨灭的贡献。据相关资料论述：“耶稣会在澳门建立住所和著名的圣保禄学院时，学院拥有医疗所和设备良好的药方，不

◆ 1834年，大三巴牌坊被烧毁的前一年，钱纳利画下这张画

◆ 海因（W.Heine）画的大三巴（约1857年）

少药剂师会为本城人治病，成为著名和博学的医生。”[1]可见，此院在医疗方面功不可没。

当然圣保禄学院的名望及历史作用离不开创建它的耶稣会会士，于是澳门市政厅在20世纪后半叶特将大三巴石级更名为耶稣会纪念广场，以表纪念。

① 阿玛罗：《中医对圣保禄学院药方的影响》，杨平译，《文化杂志》1997年第30期，第81—82页。

（3）中葡友谊雕像

耶稣会纪念广场由古老的小碎石铺设而成，与雄伟的大三巴牌坊连成一体，形成古朴优雅的文化环境。其周围建筑具有新古典主义特色。广场上有一座具有标志性意义的青铜雕塑，由葡籍设计师于1994年制成，象征中葡友谊。雕塑是一位年轻的中国女子将莲花献给葡萄牙男子，并有鹤栖身于圆环之上，象征着永久和理解，也代表着中葡之间的纯洁友谊。

◆ 耶稣会纪念广场“中葡友谊”雕像（1994年6月10日揭幕）

现在，该广场成了旅客参

◆ 牌坊中的“圣母升天，众天神奏乐欢庆”

◆ “澳门市贡献与至崇之圣母，1602年”（位于牌坊西北面墙脚的天主之母教堂奠基石）

观、澳门举办旅游盛事和庆典及外景拍摄场地之一。耶稣会纪念广场由一组宽大的梯级及邻近四通八达的斜坡街道构成，其主题中心点是大三巴牌坊，北面设有天主教艺术博物馆与墓室。其东面是柿山（又称大炮台山、圣保禄山），山上设有澳门大炮台及澳门博物馆。广场的西北面是大三巴哪吒庙，共同组成了澳门最著名的风景区。

2. 嘉路米耶圆形地（三盏灯）

位于澳门半岛中部，靠近高士德大马路和俾利喇街，这块圆形地连接贯通飞能度街、罗神父街、亚利鸦架街及光复街，以圆形地为轴心，向外辐射，别具特色。

“圆形地”来自葡语，处于路口中间，指的是类似车辆回旋处的圆形街道设计。在澳门，此类型街道首次见于1925年的《澳门市街道名册》，即嘉路米耶圆形地。可以说此街是澳门街道标识首例“圆形地”街名，还是一条开辟近百年的古老街道。这块圆形地终日人来车往，是市民闲聚和举办各类社区活动的地方。

（1）嘉路米耶

嘉路米耶圆形地是用第105任澳门总督的名字命名的。嘉路米耶1877年3月出生于葡萄牙奥良，后成为一名年轻的海军军官。在1910年葡萄牙共和革命运动中起了决定性作用，被人称为“共和国

◆ 嘉路米耶圆形地举办缅甸美食节

的创建者之一”。[1]在1914—1916年任澳门总督，1921年10月在里斯本遇刺身亡。

1914年6月10日嘉路米耶抵达澳门，并正式就任澳门总督。在任期间，他积极着手进行政治改革，建立了市政员警，成立政府委员会等；开展大型建设工程，铲平圣美基山，重建华人社区；将南湾和内港码头连接起来；重建几乎废弃的总督府，重修市政厅大楼，清洁了城市，包括现在的三盏灯前地；开辟了新马路；创办几间学校；为水师厂购置汽船；发展路环、氹仔的无线电通信及邮政；鼓励慈善和公益事业。他为澳门城市发展作出了重要贡献，1916年9月

① 施白蒂：《澳门编年史 · 20世纪》，金国平译，澳门基金会，1999，第152页。

◆ 俯瞰嘉路米耶圓形地

5日，澳督嘉路米耶任职期满离开澳门时，众多市民前往码头送行，并致信盛赞其为人诚实正直，做事深思熟虑，有勇有谋，绅商卢廉若第一个签名。[1]由于嘉路米耶勤政爱民，政绩卓越，为了纪念他，特将澳门一条街道以他的名字命名。

（2）“三盏灯”之名由来

“三盏灯，三盏灯……（嘉路米耶，嘉路米耶）

“圆形地的中央有三盏灯，好似三颗大星星，好似三只大眼睛，好似三只大灯笼。（嘉路米耶，嘉路米耶）

“一根柱，三盏灯，一条心，百业兴。风雨拂不动三盏灯，发光发热温暖天下人。（嘉路米耶，嘉路米耶）”

这是歌曲《三盏灯》的部分歌词。正如歌词中所唱，“圆形地的中央有三盏灯”，“三盏灯”作为嘉路米耶圆形地的俗称广为流传，其原名反而少有人提及了。关于“三盏灯”名字的由来，有两种说法：一是因为广场中间原来有一根四个灯泡的灯柱，但后来其中一个灯泡损坏了，只剩下三个灯泡，故而得名；二是因为圆形地的中央曾立着一根铁制灯柱，顶部有四盏灯，顶端一盏向上，其余三盏呈“品”字形，从下面望上去，不论站在哪一个角度，都只能看见三盏灯，故以此为名。

“三盏灯”的灯柱铸有纹饰，柱底建有花瓣形图案的基座，三盏灯像吊灯花似的下垂，典雅美观，是这条街独特的路标。

---

① 莫世祥、虞和平、陈奕平：《近代拱北海关报告汇编（1887—1946）》，澳门基金会，1998，第294页。

（3）街道环境历史变化

昔日圆形地周围都是两层高的花园洋房，种植着多株青翠苍绿的树木，是环境幽雅的高端住宅区。据《香港文汇报》载：“飞能度街，亚利鸦架街，光复街三条主要街道交汇处，包围的都是花园洋房，中间一个广场，在一个圆圈中间安置一根铁柱，上有三个灯架。晚上灯光照亮整个广场，很有欧洲气氛。”①

但随着城市规划和改建，现在这里全部改建成多层的商业楼房，依地形作环状建筑。1999年原市政厅对圆形地进行改建，地面铺砌葡式石子，绿化环境，使之成为一个休憩点和文化用地。周围街道两旁摊档密密麻麻，行人络绎不绝，成了闹市，而灯柱依旧立于其中，似静观周边环境的沧桑变化，见证着历史的演变。

（4）娱乐天地

如今的嘉路米耶圆形地发展成为集游览、美食、购物和休闲于一身的好去处。不少昔日来澳门避难的东南亚华侨在此定居下来，并开设餐馆，所以在这里可以品尝到很多正宗的东南亚佳肴，如印尼炒饭、马来炒贵刁、缅甸的鱼汤粉等，因此这里亦被称为“澳门东南亚美食集中地”。三盏灯圆形地街市有很多街坊小吃店和街头熟食档，深受青年男女的喜爱。三盏灯地区还有各式小店铺和小摊位，经营的商品种类繁多，应有尽有，且价钱相当便宜，是购物的好去处。《澳门日报》2010年2月24日曾经刊登一条新闻：“缅华互助会代表林清风建议将三盏灯一带打造成具南洋特色的区域，包括根据实际地理状况，建造地标性小型建筑，作为旅游新景点，让东南亚游客及散居世

① 何江西：《澳门旧话：三盏灯沧桑岁月》，《香港文汇报》2004年5月20日。

◆ 三盏灯

◆ 三盏灯过年花市

界各地的华侨华人，品尝特色美食时，能亲身感受东南亚的民俗风情，成为旅途难忘的集体记忆。”如此既可推广当地的饮食文化，又可促进此地的旅游，从而使嘉路米耶圆形地的社区经济繁荣发展。

3. 聚龙旧社

聚龙旧社，乍一听以为是一间庙宇或者其他建筑的名字，其实不然，它是澳门一条街道的名字，只是名字比较特殊而已。与其称之为街，不如说是一条小巷弄，从整体来看是一条“掘头巷”。在澳门，如果一条巷子的两头只有一头可通行，另一头不通的话就称为“掘头巷”，即所谓的死胡同。该街于1869年正式命名，距今已有150年的历史，乃是澳门一条古旧窄巷。

◆ 聚龙旧社

（1）街道位置

20世纪初，该街位于营地大街处，具体位置不详，只是见1905年的《澳门市街道名册》如此记载，后随着澳门城市街道的规划与创建，到了1925年，聚龙旧社的位置在关前正街2号与果栏街60号之间；到1993年，据《澳门市街道名册》记载，该街具体位置在玫瑰里（聚龙通津）与西瓜里（果栏横街）之间。

（2）聚龙社

聚龙旧社因巷内一间“聚龙社”而得名。聚龙社是澳门土地庙之一，创建年份已不可考，有说是明朝时所建。该社因缺乏修葺，檐头毁损，矮垣半壁，残旧破落，其貌不扬，不大引人注意。

◆ 聚龙社之一

庙内有一块清嘉庆二十四年（1819）竖立的石碑，距今已经200年，该碑记载了昔日这一区域的地理环境及社会情况，具有重要的历史价值。据碑文所述，这一区域当年“兼近海隅”，果栏街、大码头街一带原是海侵之地，今已不见往日风貌。因这里近海隅，故而有很多的关口和码头，成为澳门的咽喉之地，铺户栉比，非常繁华。由于人口稠密，房屋紧密，救火设施简陋，一旦发生火灾，火势很难控制。据史料载，1818

年，“在北湾发生火灾（即当年营地大街、关前街之大火），波及商业区。”而《聚龙社碑志》中亦叙述了当时该地区“以防火患”的相应措施。由此可知，清嘉庆年间，澳门曾连年有火灾。

（3）话说“聚龙旧社”的“旧”

俗话说，“衣不如新，人不如故”。人们总会怀念一些老的、旧的或者已逝去的东西。而在聚龙旧社中，这些“旧”的事物及人物还是可以找得到的，卖叮叮糖、沙示榄的，还有箍锅、补锅、焊锅的，钉跶屐的，打蟋蟀的，所有这些被时间冲淡、被历史淘汰的人和物，全部活灵活现于聚龙旧社这条曲巷中。聚龙旧社的“旧”有着历史的韵味，值得去“品味”一番。

◆ 聚龙社之二

4. 十月初五日街（泗嗑街）

十月初五日街原称泗嗑街，位于澳门半岛西部，横跨圣安多尼堂区、大堂区和风顺堂区，是澳门一条著名街道。北端接沙梨头海边街、鱼鰓巷、巴素打尔古街与丛庆北街交界，沿途接有沙栏仔街、草堆街与康公庙前地、新马路、白眼塘横街等街道，南接十月初五日巷，在蓬莱新巷和火船头街之间。

◆ 十月初五日街

（1）街道建置

若按现今澳门的堂区划分，可将十月初五日街分为三个堂区：从沙梨头海边街至康公庙前地属花王堂区；康公庙前地和亚美打利庇卢大马路（即新马路）之间属大堂区；而十月初五日街的余下部分即属风顺堂区。这条街靠近内港码头，水陆交通畅达，船车来往频密，是澳门的繁盛街道之一。

此处原为北湾凹进的海滨浅滩，后来才被规划筑成街道，曾是附近甚至全市最长的街道，在新马路还未修筑前，沟通了内港西北的沙梨头和中国城的中心，新马路筑成后，它被切成两半，成了今天的面貌。

（2）“泗咀”溯源

此街旧称为泗咀街，“泗咀”一词的来源有两种说法。一种说法是源自此街道中的香料铺，清同治年间，泗咀街才得以开辟，原是一条不甚热闹的街道，因在街的中段有几家从南洋泗咀来澳的天主教徒开设的香料铺，故得此街名。

另一种说法是，泗咀街源自近沙栏仔处的泗咀码头，在清朝末年以及民国初年，这码头为一群南洋商人所拥有，专门泊靠“南洋货船”，而这些船又是专门驳运从香港来澳的南洋货品。其实，这个码头更多的是出货去南洋“泗咀”，即将鸦片烟由此装船运去香港，再转船运去南洋泗咀。

1923年澳门内港一带填海，建成巴素打尔古街和爹美刁施拿地大马路一带，并兴建民房和新码头，故泗咀码头亦被拆卸，只留门壁。现今的“老澳门”犹称呼丛庆北街“工人康乐馆”的那一段“十月初

◆ 泗孟街市门楼

五日街”作“泗孟街”，这是因为其附近的“二十七号码头”便是从前的“泗孟码头”。

（3）康公庙

于十月初五日街中段，有座康公庙，逾200年历史，奉南宋康王为神，即神话“泥马渡康王”中的康王。百多年前，该庙附近一带还是濒海之区。传说当时有木头康王神像浮至，搁置海边，为附近居民拾起，就近建祠奉祀；直至清咸丰年间，约1860年，由一位木业商人

◆ 康公真君庙（约1920年）

◆ 十月初五日街康公庙前地

发起，并和坊众集资在原地建庙，乃成今日之巍峨庙宇。[1]庙内正殿供奉康公真君，即汉代之帅李烈，因其保国有功，故受封成为康公。

① 唐思：《澳门风物志》，中国友谊出版社，1998，第205页。

康公真君的左侧是南海广利洪圣大王，右侧为西山金圣候王，偏殿前为六祖圣佛，后为汉代神医华佗先师。该庙专主民间喜庆法事，殿前中央放置有“酒船石”，于清咸丰年间雕刻而成，并有船、鲤跃龙门、龙凤呈祥及鹤延年吉祥图案，该石专给善男信女向神佛礼拜奠酒之用，因而称为“酒船石”。该庙占地广阔，是我国传统庙宇建筑，木石结构，飞檐翘角，花岗石柱上多刻楹联，颇为壮观。

康公庙见证了十月初五日街的起起落落，是此街道中不可磨灭的印记。

（4）工人康乐馆

工人康乐馆于1956年7月22日开幕，位置在原南京街市及南京戏院处，筹建目的是丰富澳门工会联合总会基层群众的余暇生活。澳门工会联合总会，成立于1950年1月20日，简称 “澳门工联”，会址便在工人康乐馆。后澳门工联于1995年搬往澳门火船头街海联大厦办公。

旧工人康乐馆为三层建筑物，原属于南京戏院，三楼是戏院，二楼开设茶楼，一楼为街市（即南京街市）。1956年才改为工人康乐馆，当时一楼仍为街市，二楼则成为文娱室、图书馆、乒乓球室、健身室、茶水部及购物部，三楼是剧场及音乐室。可以说，工人康乐馆为当年的广大居民和职工提供了很好的活动场所。直至1976年，南京街市迁往水上街市现址，茶水部、购物部改于地层经营，澳门工会联合总会亦于同年正式在康乐馆二楼办公，此处成为澳门工联会址。

沧海桑田，由于年代久远，其建筑物出现结构问题，故于2005年拆除，2010年重新筹建，现已落成并投入使用。

◆ 旧工人康乐馆

（5）街景历史之演变

十月初五日街过去在葡语里还有个别称，即新国王街，原因是在葡萄牙首都里斯本，新国王街是一条重要的贸易道路，它与其他街道构成亚洲商品的交易中心。[1]澳门的十月初五日街一带的商业大街的模式与里斯本的相似，且自从泗㖔街改名为十月初五日街之后，刻意施与优惠，加强巡街治理，逐渐地，整条十月初五日街成为澳门商家争相进驻开铺的“黄金商街”，铺租房价为澳门之冠，呈现出一片繁荣景象。而当时此街又靠近非常繁盛的内港，因此十月初五日街自然而然成为当时澳门的繁盛街道之一，这与新国王街的贸易状况相似。不过到了现在，此名字已被遗忘。

① 胡纪伦：《澳门街》，方无隅译，牛津大学出版社，1999，第32页。

◆　十月初五日街大龙凤茶楼

在20世纪20—30年代，虽然当时已建成新马路，但因为十月初五日街邻近客运码头，而船运多以来往广东中山为主，且南端邻近岐关车站，人流兴旺，故当时多数大商店都仍以这条街为根据地。而在20世纪40年代澳门四家鼎立的传统粤式茶楼，其中两家就位于这条街道。可见此街道在20个世纪上半期已是相当繁盛。

后来中山在抗日战争时沦陷，导致澳门与中山的交通几乎中断，各商户逐渐从十月初五日街迁离或歇业，此街繁盛的景象，渐渐移至新马路。如今，十月初五日街渐渐繁旺起来，除店铺外，摊档林立，约有百家，而最多时竟逾300档，出售水果、衣物、手信等。由于货品齐备，价格较低廉，故能吸引顾客，由朝至晚，行人川流不息，颇为热闹。

5. 凉水街

凉水街由沙梨头街起，至青草街及该街通往连胜街之台阶附近止，是一条已具有一百多年历史且狭窄而幽静的长街。

◆ 凉水街之一

（1）街道的修建及命名

1869年7月26日《澳门宪报》上刊登了第一批官方命名的街道，凉水街也在其中，属于沙梨头区。随着城市规划及改建，至今此街属于澳门新桥区。由此可知，在1869年或之前此街道便已经存在。据史料载：清同治二年（1863），澳门政府下令拆毁原居留地的界墙以及水坑尾、三巴和沙梨头三座城门，将澳门地界扩展到塔石、沙冈、新桥、沙梨头、石墙街五村，并将这些村庄数百家民居纳入澳门政府管治，还“设马路、门牌”。[①]此后葡萄牙人又沿村设街灯，派绿衣，

◆ 凉水街之二

---

① 厉式金主修、汪文炳等纂《香山县志续编》卷十六《纪事》（民国十二年刊刻），转引自吴祖缃主编《中山文献（七）》，台湾学生书局，1965，第2573页。原文为：“同治二年，葡人强占塔石、沙冈、新桥、沙梨头、石墙街等村，民居数百家，设马路、门牌，毁租界、旧墙。由家僻栏（嘉思栏）礮臺，向北转至大礮臺，再西北至三巴门，又转北沿白鸽巢至沙梨头，闸内向南至海边高楼止。北为华民村舍，南为葡租地，俱陆续毁去。”

托为保护之名，勒取街捐灯费，此番行为一度遭到当地人民的反抗。由此可知，澳门当局在沙梨头等村开辟街道，是为了便于收地租，而凉水街便是在这种历史背景下“应运而生”，修建时间在1863年至1869年之间，并于1869年正式命名。

（2）凉水井及凉水井村

街名来源于村名，因村里有一凉水大井，故叫凉水井村，是古濠镜澳的一个小村。而凉水井村的位置，依照王文达先生的考证：“处于新桥田畔街之东，石墙街（今沙梨头街）之北，数十人家，聚成一乡。”[①]可知，此村位于现今新桥区的沙梨头街、田畔街、青草街一带。往昔，沙梨头、新桥、三巴门区尚在“澳城”外，附近一带是农田矮屋，自然聚集成乡村，此地佃户耕田而食，凿井而饮，自是生活得安逸祥和。只是这种惬意的生活在19世纪中叶之后便被打破了，随着澳城城墙被拆，澳门当局向半岛北区扩张，在凉水井村开街建路。经过百年沧桑巨变，古村早已淹没，而街道建筑也发生很大的变化，不复历史旧貌，只留下大井街、凉水街等街名，才让人想起此处曾有一个安乐的小村庄。

昔日的凉水井村不过聚居数十户人家，而村中其实有两口井，一为大井，另有一口鲤鱼井。因为这两口井就在炮台山下，水其实是山泉留下的地下水，水质清冽，适于饮用。这里的大井，就是凉水井，今尚在，井口是四方形，“以广东人俗称的麻石（花岗岩）筑成两尺高的井堰，井周围铺有一丈见方的黄冈石地面，井上有粗铁枝造的栏架，供水桶汲水之用。”[②]此井水较鲤鱼井的水质更清凉一些，故村

① 王文达：《澳门掌故》，澳门教育出版社，1999，第236页。

② 何玛丽：《澳门有眼“凉水井”》，《九鼎》2010年11月9日第37期。

子以此命名。

如今，凉水井的位置恐怕很少能有人找到了，从镜湖医院连胜街的侧门对面，往下走十余石级便看见凉水街，再往下走几个石级便见定安街，在凉水街与定安街之间的一小方平坦空地上就有一眼井，这便是那口历史悠久的古井——凉水井。井深1米左右，井水依然清澈洁净。

（3）吴历

1681年，中国清代江苏常熟的大画家、诗人吴历来澳，他未在圣保禄学院学习前，曾寓居凉水井村。吴历，1632年出生，卒于1718年，字渔山，号墨井道人、桃溪居士。少时志趣高洁，广涉诗文琴棋书画。后人将他与“四王”、恽寿平合称“四王吴恽”，又称清初六大家。他著有《墨井画跋》《三巴集》《澳中杂咏》和《墨井诗钞》。《澳中杂咏》其中一首摘录如下：

关头阅尽下平沙，壕境山形可类花。

居客不惊非误入，远从学道到三巴。

以上诗句表达了他来澳门圣保禄学院修读神学的经过。《澳中杂咏》收入吴历诗作三十首，内容均与澳门有关，反映了当时澳门的经济、地理、风土人情等情况。抗战时期，卜居于澳门的“折中派”画家高剑父，曾专程到凉水街一带访寻吴历在澳门的遗迹，只可惜年代已久，这里早已改建成一片低矮的居民楼。

如今，漫步凉水街，街道两旁已变成四五层高的楼房，街道狭窄而笔直。曾经“榕树浓荫地不寒”“杨柳当门秋不疏”的景致已不在，只有凉水井依然笑看凉水街的古今事。

6. 关前正街

关前正街位于澳门半岛西部，由果栏街即聚龙旧社侧起至草堆街止，是澳门的古老街道之一。只要从大关斜巷往下走便可一睹这条古老的街道。今此街道独具特色，传统中式店铺林立，配合波浪纹图案的葡萄牙石子路，风韵独特。

◆ 关前正街的黄昏

（1）追溯街名历史

关前正街原名关前街，其名称源自澳门海关。据《澳门纪略》记载：“国朝康熙廿四年，设粤海关监督，以外务府员外郎中出领其事。”[1]可知1685年粤海关成立。粤海关设立原因是清政府将港口向外贸开放，须设立相关机构向往来广州的船只征税。其是我国当时四大海关之一，俗称“大关”，而今附近也有一条街名大关斜巷。清政府将粤海关的官署设在广州，总口在澳门，称为“关部行台”。关部行台又称为海关监督行台，或行廨，乃是海关首任监督成克大所建，关前街也是在这时得以开辟。关部行台旧址便位于今关前街和关后街之间，而关前街即因关部行台而得名。

1849年这座海关被毁，后又在原址上建屋辟街，在关前街之后，开辟关后街，分称“畏威”“怀德”，后才易名为“关前正街”“关前后街”。然而在1869年和1889年的《澳门宪报》中都未见有关关前正街的记载。最早对“关前正街”的记载见1905年的《澳门市街道名册》，由此推之，“关前正街”的命名时间当在1889年至1905年之间。

“畏威”“怀德”源自澳门街街口的一座“畏威怀德”的牌坊。万历二十年（1592）陈蕖到任后，便马上编排门籍，进一步确立保甲制度，其疏云：“……其聚庐中大街，中贯四维，各树高栅，榜以‘畏威怀德’，分左右，定其门籍。以《旅獒》‘明王慎德，四夷咸宾，无有远迩，毕献方物，服食器用’二十字，分东西各十号，使

① 印光任、张汝霖：《澳门纪略》，赵春晨点校，广东高等教育出版社，1988，第42—43页。

◆ 关前正街及关前后街

互相维系讥察，毋得容奸，一听约束。”[①]这里的大街，又称营地大街，旧称澳门大街，亦即所谓澳门街。当时借用牌坊的名字命名四条街道，有《澳中杂诗》（1680年）记载如下：

捧腊高烧迎圣来，旗幢风满炮成雷。

四街铺草青如锦，未许游人踏作埃。[②]

该诗描述的是沙勿略圣人出会，满街铺花与草为敬，街名为畏威怀德。

“这一条街（今营地大街）实际上是一条纵街与一条横街交叉而

① 印光任、张汝霖：《澳门纪略》，赵春晨点校，广东高等教育出版社，1988，第22页。

②中国第一历史档案馆、澳门基金会、暨南大学古籍研究所合编《明清时期澳门问题档案文献汇编》第6卷，人民出版社，1999，第743页。

成的十字街，被明廷分别命名为‘畏字街’‘威字街’，以及‘怀字街’‘德字街’。”[①]

“畏字街”“威字街”合二为一当为后来所说的“畏威”街。且王文达在《澳门掌故》中称“……聚庐大街之北石闸门外，昔有‘畏威‘怀德’两街”，[②]“畏威”街便是现在的关前正街。

综上所述，关前正街的历史可追溯到明万历年间，到清粤海关成立后，方有关前街之称，1849年之后，总督亚马喇强行关闭澳门关部行台，于关前街之后开辟关后街，后更名为关前正街。沧海桑田，昔日的牌坊、关部行台早已消失在历史的洪流中，唯有关前街依旧守候在那里，笑看小城的巨变。

◆ 《澳门纪略》中的关部行台图

① 汤开建：《澳门开埠初期史研究》，中华书局，1999，第225页。

② 王文达：《澳门掌故》，澳门教育出版社，1999，第174页。

（2）泗胜坊

泗胜坊是关前正街附近一带的旧称，旧时，此地乃是海侵之地，“兼近海隅”。与关前正街毗连的一道横街窄巷内，有一间历史悠久的土地庙——聚龙社。此庙内有一座《泗胜坊示谕碑》，立于嘉庆二十四年（1819），碑文说：“泗胜坊乃阖澳咽喉之地，兼近海隅，铺户民居甚密，日前延火延烧，皆由无备之故也。”此文字讲述了当时当地的环境及华人居民状况。碑文又描述了有关澳门的水井：“兹奉周戎台尊谕，阖坊义损，凿开旧井，疏通管道，建造码头，以便商民，以防火患，共仰戎台爱民若子之心。嗣后码头地段，不许买卖及阻塞侵，井傍不得洗身宰狗，浣濯一切秽物，致防汲饮，如违禀究。”讲述了泗胜坊的历史。

（3）古色古香

该街的葡语名称的中文翻译是草本学者、药草商。大概旧时此街上有很多中药店，而且是商业繁荣的街道。如今看来，关前正街其实是比较阴暗的小巷，在城市现代化发展中，这条街道似乎没有什么变动，楼宇多古旧，行业多具传统色彩，还保留一些原有风味，这也是该街的迷人之处。街上的中国工艺品和古董店最引人注目，他们出售的货物有瓷质花瓶和塑像，以及香气扑鼻的木雕家具等。

在关前正街与关前后街之间的一列楼宇，像榄核似的，两端狭窄而中间宽阔，大多房屋前后相通，前街曾是热闹的商业街道，而今已大为逊色；后街发展较快，不少旧楼已拆除重建为五层高的新大厦了。虽然海关遗迹不可寻，但历史是不能磨灭的。

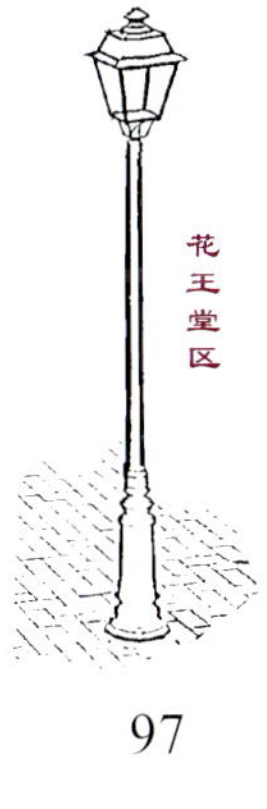

7. 茨林围

茨林围不仅是澳门现今大致保留完好的唯一一处围村，也是澳门历史上开发较早的地区之一。其位于澳门半岛中部偏南，在大炮台北侧，包括新胜街、高园街及其附近地区。如今的茨林围只是澳门普通的居住区。

◆ 茨林围之一

◆ 茨林围之二

（1）地理位置

茨林围由圣方济各斜巷上端大三巴牌坊附近起，一直向北与东北方向延伸至新胜街止。据1993年的《澳门市街道名册》记载，该区分为两部分，“上部，位于圣方济各斜巷与高园街之间。下部，位于高园街与新胜街之间。”而该围的这两个部分却是由于高园街横跨而过，资料中所说的上部指的是高园街以南，而下部则是指高园街以北。具体来说，茨林围以高园街为界分为南北两段。此街以南的一段则在大三巴旁边，于旧城墙遗址与高园街之间；而以北的一段为斜坡，简单来说是在高园街与新胜街之间，具体来说，此段是在大三巴牌坊天主教艺术博物馆后面，被高园街、同安街、新胜街和花王堂高园包围，从高园街向新胜街斜落。且北端又被分为四条单独小巷，分别为茨林围第一巷、第二巷、第三巷和第四巷。

有关高园街的记载，于1993年的《澳门市街道名册》中可见

“Ref:S.de 19-8-1969”字样，一般此字样表示该街最早出现的相关资料，但也并非绝对，翻译成中文为“源自1969年8月19日的政府会议决议”。1957年的《澳门市街道名册》中未见高园街的记载，只是在“茨林围”的位置叙述中提到该街。如此可推测，高园街在1969年之前便已存在，且正式命名于1969年，那么茨林围应该是在20世纪中叶时被分为两段。

（2）中葡地名之缘由

茨林围历史悠久，原是古濠镜澳的庆盛坊，在旧三巴寺的后面，古地名已不可考。街道名字最早出现在1869年的《澳门宪报》中，亦是官方首次正式命名的街道。从前此地茅屋毗邻，几处炊烟冉冉，俨然一村，故有“该区取名来自这许多的茅草房”之说。此说法需慎重探究，从侧面分析之，此说法只能算是“茨林围”中“围”字命名的一个理由。只因此地茅屋甚多，俨然一村，而澳门习惯性地将“围村”“园围”类型的街巷通通命名为“围”，例如竹围、叶家围等。故笔者大胆认为针对茨林围的得名原因，此说法并无误，但只是说明其通名的由来，至于“茨林”因何命名，就不敢乱加揣测了。

不过该街“茨林”之命名缘由，有三种不同的说法。其中一种是此地名因该区广泛种植马铃茨（薯）而来，详细内容可从王文达及金丰居士的著作中窥见。

“茨林围，传日人居是时，辟地植马铃茨以作 ，如丛林然，故得此名。”①

“明崇祯年间，有荷兰战俘教日本侨民在围村外种植马铃薯（粤

① 王文达：《澳门掌故》，澳门教育出版社，1999，第234页。

人称其为‘茨仔’），因土壤合适，地势高爽，马铃薯田长势令人惊喜，如丛林灌木然，故澳中人称此地为‘茨林围’。”①

由此可知，两位先生都从街名本身的字面意思，去揭示街名的由来。“茨”指“土豆”，即马铃薯。今在澳门广视节目《圆咕碌周记》中，“茨”即“薯”的发音。随着土豆种植得越来越多，呈“丛林灌木”状，故有“茨林”之称。此说法合情合理，历史上此地居民确曾种植过土豆，并作为主要的食物之一。

另一种说法与当年此地种植的柿树有关，此地不远处的柿山（即炮台山），就是因满山遍种柿树而得名。从而此地也可能因种植很多柿树称作“柿林”。柿与茨从语言学上来说又同音，由于音转关系，久而久之便成了“茨林”。这一说法只是黄德鸿先生的推测，无从考证，此说法不大可信。

最后一种说法，据1993年《澳门市街道名册》的叙述，是因该区有很多茅草屋而得名。从采用的资料来看，此说法是可信的。

以上只是该街中文名字由来的解释，而葡语名的由来又该如何解释呢？该街葡语名为“Patio do Espinho”，可从此街道葡语名的文本意思上去理解，“Espinho”翻译成中文是“刺”“困境”“麻烦”“痛苦”“忧伤”的意思。而当时日本人来澳的主要原因是丰臣秀吉就任关白的时期，禁制天主教，并大举捕捉当地的天主教徒，以致很多日本天主教徒逃到澳门避居。此番对于来澳避难的日本人来说，可谓是一种困境，有国归不得更是一种痛苦和忧伤。用“Espinho”来命名此街道，恰恰反映了当时居澳日本人的心声。

① 金丰居士：《澳门街巷来龙去脉》，《大众报》2004年4月25日。

（3）街道历史变化

此处原本是庆盛坊。在17世纪时，是日本天主教徒聚居的地方。在明朝万历年间，日本丰臣秀吉就任关白的时期，禁制天主教，并大举捕捉当地天主教徒，以致很多日本天主教徒逃到澳门避居。后来在德川家康死后，日本更严禁流落海外的天主教徒返国，自此在澳避居的日本人不能回国，而欲到日本的传教士亦被迫滞留澳门，故逐渐地就在圣保禄教堂旁边聚居，形成村落。及后该村被命名为“茨林”。当时在茨林围居住的日本侨民之男丁，多在“大三巴寺”做建寺石匠、木匠，由围村往返工地，只步行片刻即至，极为方便。住在围内的日本人又在围内开凿水井以供饮用和灌溉，据说不少居民靠“担凉水” 养活一家几口。这口大井，便是围村居民担水“搵食”的历史见证。20世纪30年代以前，澳门居民主要食用井水，80%左右的家庭都开凿水井，茨林围的水井颇为著名。

约在1940年，大炮台山脚木屋区发生大火，灾民被安置到台山巴波沙坊，少部分则移到茨林围。同时澳门政府计划把大三巴一带划为旅游风景区，遂在茨林围上层修筑围墙作为屏障，并在围墙与大三巴之间开辟马路，命名为“高园街”，以作区别。由于澳门政府修建矮墙分隔大三巴和茨林围北段，故建筑风格上茨林围与高园街以南的地方有着明显差异，围内多为木屋、石屋或镀锌铁皮平房。

20世纪中期，围内还种植有果树，部分住户还饲养家禽。后来环境变化，有关当局在围内修建下水道，并在巷上的路面铺上混凝土，自此树木疏落。而围内水井的半边已被楼房掩盖，只剩一半井口；水井仍能取水，但已不宜饮用。至今，该处仍住有数十户人家，部分人家养狗看门，故在一些围墙的入口处贴有“围内有狗”的警告；加上不少澳门人都以为茨林围是掘头路，皆不知有后门直通新胜街，故鲜少会有人进入茨林围，围内显得很安静。

◆ 茨林围土地神坛

◆ 茨林围水井，如今已经不允许使用

（4）古城墙遗址

2010年5月31日《澳门日报》刊登："茨林围东侧发现古城墙……在茨林围东侧一地盘内，发现一段南北长十五点五米、东西已露出的宽度约一点二七米、高二点四五米的古墙体，南接大炮台旧城墙，北接茨林围北边围墙。”其实茨林围内遗有几段古城墙。今古城墙的遗址是指大三巴和哪吒庙后的一道黄土墙，在茨林围的入口处，是澳门旧城城墙幸存的一部分。从建成以来，多次被明政府拆毁，但葡萄牙人仍不顾明政府反对，继续筑墙。昔日葡萄牙人在澳门半岛的北部、东部及南部均筑有城墙，并于要塞位置建筑了炮台，使澳门地区成为严密防范的城堡，并将华人和葡萄牙两个社区分隔开。而现存的旧城墙遗址部分，正是1632年所复建的一部分。

今大三巴哪吒庙前右侧有一道圆拱门，乃茨林围入口，内有民房数幢，小径曲折，别有风光。随着社会变迁，茨林围不少居民已迁出，该围村人烟渐少，但围中仍存有不少古旧遗迹及城墙等。近年澳门特别行政区政府有意重新规划茨林围，保留茨林围环境及建筑特色，使之与牌坊、大三巴哪吒庙及旧城墙等相结合，将其打造成澳门一处新的旅游景点。

◆ 城墙遗址

8. 俾利喇街

俾利喇街纵贯澳门半岛的中北部，呈西南—东北走向，南端由镜湖马路起，北端至慕拉士大马路。该道路从镜湖马路起至美副将

◆ 俾利喇街

大马路中轴线部分属花王堂区，而其余部分属花地玛堂区。从北向南，沿途有风物流变的望厦风景区，以及含有古今韵味、中西特色的建筑。

（1）街名由来

俾利喇街的名字来自葡萄牙富商俾利喇，他曾担任过澳门议事公局局长。后随着澳门对外贸易的发展，留居澳门的葡萄牙人越来越多，其内部公共事务逐渐繁多，于是，嘉靖四十一年（1562），在澳门的葡萄牙人开始建立自我管理的组织，开会选出葡萄牙富商俾利喇为他们的行政长官。俾利喇是葡萄牙人自己选出的第一位官吏，一直任职到明万历十五年（1587）。

◆ 俾利喇像

今亦有一座历史建筑以他的名字命名，即俾利喇行宫，位于澳门半岛西部白鸽巢公园旁。18世纪中叶，由俾利喇主持修建这座建筑，墙面为白色，开有圆拱式的百叶门窗，露台及台阶均用大理石砌成。厅堂装饰富丽堂皇，富有浓郁的南欧建筑风格。后来此处由澳门政府收购，改建为贾梅士博物院，如今称官印局大厦。

（2）街道位置变化

据1915年6月19日《澳门宪报》载，“亚美打利卑卢马路开通横街三条：第一横街命名为马忌士街，第二横街命名为巴士度街，第三横街命名为比（俾）利喇街”。由此可知，俾利喇街的开辟源自亚美打利卑卢马路（今新马路）的修建，于1915年命名。据1919年2月1日《澳门宪报》载，该街“将旗街（现已取消此地名，此街一部分被美副将大马路所占用）与罗利鲁马路连接，并穿过柯高马路”。1925年，澳门议事公局正式将该街道记入《澳门市街道名册》中，此时该街属于花王堂区，属于花地玛堂区的一段尚未修建。当时其具体地理位置起自镜湖马路，延伸到当时的消防队兵营后面公共监狱处，终于美副将大马路。不过当时议事公局计划将该街继续修建并延长到黑沙环马路。此街上的居民很少，仅有几间房屋在罗利老马路前。到了20世纪50年代末，此街道仍在修建中，这一时期该街的尾端只到高利亚海军上将大马路（原马交石马路），从1957年的《澳门市街道名册》可知，澳门政府已决定将此街的尾端修建到慕拉氏大马路附近，与今位置相符。今该街从镜湖马路起至美副将大马路中轴线部分属花王堂区，其余大部分属花地玛堂区。具体街道修建与拓展情况见澳门俾利喇街位置变化图。

（3）望厦圣方济各堂

望厦圣方济各堂位于俾利喇街的中段，位置很接近望厦山，建于1907年，1938年重建。教堂规模不大，却很有吸引力。这里是埋葬历代澳门总督及地方名流士绅的地方，和圣乔凡尼保罗大教堂相邻，有“威尼斯的万神殿”之称。

教堂是以耶稣会传教士圣方济各·沙勿略的名字命名的。沙勿略是最早的东方传教士，被喻为圣保禄之后最伟大的传教士。他出生在一个西班牙贵族家庭，1541年之后受教会委派便开始了传教生涯，曾

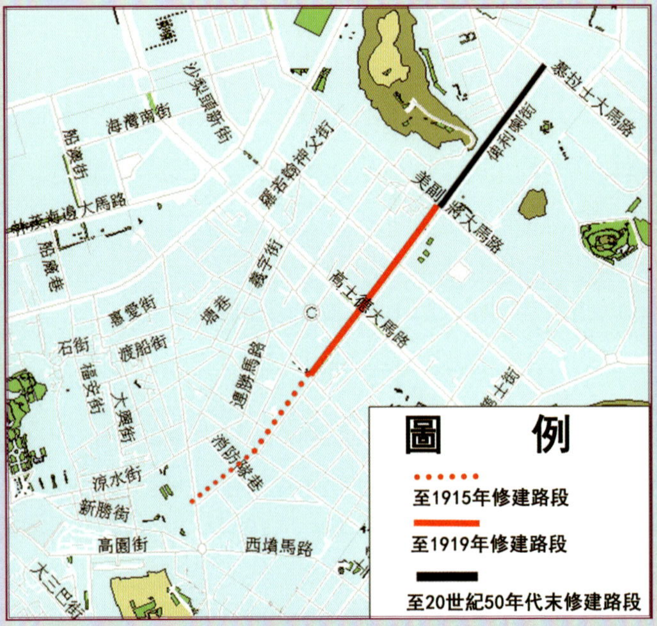

◆ 俾利喇街位置变化图

先后到过印度果阿、马六甲、日本等地。1552年12月3日于中国沿海的上川岛逝世，被后人尊为圣人。

教堂内部环境简单、清幽而宁静，有一种“非淡泊无以明志，非宁静无以致远”的意境。内设有一座祭坛，祭坛的材质乃是黑色大理石，给人纯净且稳重的感觉，高耸的窗户沿墙而建。教堂内还有许多艺术珍品，如《圣母升天图》《洗礼者圣约翰》《圣母和诸位圣人》等。教堂外围则是舒适惬意的庭院。如今，在路环计且奴街意度亚玛忌士花园内，也有一座圣方济各堂。

◆ 望厦圣方济各堂

◆ 望厦圣方济各堂教堂内部

（4）澳门监狱

在俾利喇街南端与镜湖马路之间，原来有一所澳门监狱。1909年落成启用，至今已有一百多年的历史，门楣上所刻“一九一二”，是该门楼所建年份。该监狱呈梯形状态分布，似西方古堡式的建筑，占地约4万平方米，楼高两层，周边高墙，四角建有哨所。这里过去被人们习惯地称作“市牢”，由于这座监狱位于澳门半岛的中心位置，旧时被正式称作“中心监狱”，是除警方临时拘留疑犯场所之外澳门唯一的一所监狱。此处囚禁的多是成年男子。后来随着市政发展，此处附近街道发展迅速，1990年被拆建成新的大厦。

（5）社区环境

此街道是澳门北区连接南区的主要道路之一，该街从南到北，纵贯澳门半岛的中北部，集工业、商业、娱乐、美食为一体。北端有景色怡人的望厦风景区，中段是澳门繁华区域之一，与高士德大马路构成一个十字形的商业地带，热闹非凡。此处以前是军人驻扎的地方，旧时附近一带居住了很多葡萄牙人和土生葡人，现在此处仍然有很多屋宇是他们居住的。该街南端高楼大厦林立，一派繁荣景象。

9. 莲茎巷

莲茎巷是位于高士德大马路附近的一条窄巷，具体位置由高士德大马路即连胜马路与罗若安神父街之间起，至雅廉访大马路止。

◆ 莲茎巷

（1）街道命名

据1955年1月1日《澳门宪报》载："澳门议事公局委员会布告，为布告事本会本年十二月二十二日会议即席议决将街道二条命名以名称，……计开（甲）街道一条位于连胜马路及罗若安神父街，由柯高马路起至雅廉访路止，此街原群队街之一部分，现在命名为莲茎巷。……"柯高马路即今高士德大马路，而莲茎巷正式命名于1954年，后载入1957年的《澳门市街道名册》中。而据1993年《澳门市街道名册》载："该巷的第一部分以前属于群队街，第二部分属于旧连胜马路。"那么该巷两个部分的具体位置在哪里呢？其实在20世纪10—20年代，有条莲茎马路属于旧连胜马路，此莲茎马路"将当时之桥涌与现在之拱形马路相连，当时此马路大略与现在之连胜马路、莲茎巷、连胜巷，及罅些喇提督大马路等一部分之方向相同"。结合如今的澳门城市地图可知，从莲茎围与莲茎巷的相交处起至雅廉访大马路之间，便是上述莲茎巷属于旧连胜马路的第二部分；剩余一段属于群队街。

（2）莲茎与莲茎巷

仅仅从名字上来看，莲茎巷与莲茎有着千丝万缕的联系，莲茎巷的名字来自"莲茎"。莲茎是莲花茎的简称，"莲花茎因莲花山而得名。此茎为莲花山北的一条沙堤，'径十里，广五六丈'。"[1]只因莲花山突起状如莲花，而此茎把莲峰山和祖国大陆相连，恰似这朵巨型"莲花"的花梗，故被称为"莲茎"。屈大均曾在《澳门诗》中提

① 邓景滨：《澳门莲系地名考》，澳门语言学会，2000，第32页。

及：“路自香山下，莲茎一道长。”①

沧海桑田，古时的“莲茎”已经变成今天的“关闸马路”。莲茎巷的地理位置并不在“莲茎”上，不免使人疑惑为何以“莲茎”命名？其实不难理解，昔日莲茎巷的旁边有一莲茎围村，在1925年，“根据新道路规划方案（该村）将被拆除”。此后在1944年的《澳门市街道名册》见到“莲茎围”的记载，由此可知，村已演变成街巷。而莲茎巷是在1955年命名的，出现较晚，可能与市政规划有关，但其得名的一个因素便是其在“莲茎围”的旁边；又因是旧时“莲茎马路”的一部分，故以“莲茎”命名此街巷再贴切不过。

（3）莲花山

此街近邻处有座山叫莲花山，或叫莲华峰、莲峰山、莲叶峰、莲峰、莲山。而今此山名叫望厦山。据《香山县志》记载：“澳唯一径达前山，南北一沙堤亘其间，径长十里，宽五六丈，尽处有山拔起，附萼莲蜷，曰莲花山。”②除了山的形状似一朵莲花，王文达先生又进一步说明，“旧日其山顶的岩石，远望之如一位观音立在莲瓣上，其他岩石拱托如云，更像是莲花盛开。”如此可知莲花山的得名缘由。而旧时的莲峰山、莲峰等别称，主要见于有关描写澳门的楹联诗词。如今称望厦山，可能因其山顶有个望厦炮台，山下有个望厦村，且位于望厦街区。

---

① 屈大均：《翁山诗外》第九卷，载《屈大均全集（二）》，人民出版社，1996，第1306页。

② 田明曜修、陈澧纂《香山县志》卷四《舆地上》，同治十二年（1873），影印版。

◆ 望厦山

（4）澳门莲文化

“莲茎巷”是澳门一条与莲花有关的地名，当然诸如此类地名还有很多，由此可窥见澳门与莲花有着不解之缘。毛智汉先生在《澳门名胜楹联辑注》序中写道：“澳门虽地域狭小，但素有‘莲花宝地’之誉，开埠四百余年社会安定，无兵燹之灾，名胜古迹保存完好，同时也留下了许多楹联作品。”[1]而且孙中山、梁启超、康有为等名人

① 毛智汉：《澳门名胜楹联辑注》，《对联·民间对联故事》1998年第4期。

◆ 澳门金莲花广场

都曾避难于澳门，躲过了祸害。抗日战争期间，四周硝烟弥漫，澳门却未被战火蹂躏，当时有大批难民涌进澳门避难。因此有人把这些化险为夷的事情都归结为莲花的庇护，故澳门有“莲花宝地”“莲花胜地”“莲花福地”等雅称。

今澳门特别行政区的区旗、区徽的图案设计使用莲花造型，这喻示着澳门回归祖国后，莲花福地将更多地造福澳门，使澳门更加繁荣昌盛。澳门人以赏荷为乐，春节门联上常写“花迎近海，下枕莲峰”。

10. 白鸽巢前地

白鸽巢前地是澳门圣安多尼堂区的广场，位于澳门半岛西北面，旧城区的北端。具体位置在圣安多尼堂与白鸽巢花园之间，与沙梨头口巷、花王堂斜巷（沙栏仔斜路）、花王堂前地和连胜街相连。此街是澳门一条古老街道，1869年便已命名。

该街周边为葡萄牙人在澳门最早的居住区，清同治年间，此处

◆ 白鸽巢前地

辟了一广场，并修建了白鸽巢公园，后此广场因公园便被命名为白鸽巢前地。前地面积不大，种植有很多榕树，并布置有供行人休息的座椅，环境幽静，成为白鸽巢公园的入口前站。2005年开始，白鸽巢前地随澳门历史城区之一部分而被列入世界文化遗产名录内，为入选的八个古老广场之一。

（1）街名由来

该街的葡文名字翻译成中文意思为贾梅士前地，源于白鸽巢公园内的贾梅士洞。1849年，人们把贾梅士的塑像放置在石洞中，并将洞口构筑为葡萄牙风格的拱门，至1866年富商马葵士重新铸造一贾梅士半身铜像以易之，即今所见铜像。传说，葡萄牙诗人贾梅士居澳期间，经常去澳门西北角的一个石洞（即今贾梅士洞）休憩与吟咏，并在石头上进行创作，著名叙事长诗《卢济塔尼亚人之歌》（又称《葡国魂》）即在这一时期完成。[1]今在拱门前的石壁上题写着“才德超人，因妒被难；奇诗大兴，立碑传世”这样一段文字，以表扬贾梅士的才德与成就。为了纪念贾梅士，此街以其名命名。

街名“白鸽巢”来自白鸽巢公园，然而进入公园之后，并未见到白鸽，那“白鸽巢”之名又从何而来呢？历史学家文德泉认为，这个名称来自18世纪在石洞上建筑的中国式亭子，鸽子可能曾在亭上筑巢。无可厚非，这种说法虽有合理之处，但今已无法考究。

另外还有一种说法，并得到公认。在澳门未将该处辟为花园之前，即在18世纪时，在今天花园的正门处，原来有一所巨大的

① 吴志良、汤开建、金国平：《澳门编年史》（第一卷），广东人民出版社，2009，第109页。

洋楼，乃是葡萄牙富人马葵士的寓所，蓄养有数百只鸽子，朝纵夕收，鸽子每每从这幢楼飞出，翱翔天际，最后又栖息在此楼，人们远眺房屋，俨如鸽巢，故称之为“白鸽巢”。后此处虽被辟为贾梅士花园，但人们仍习惯性以“白鸽巢”称之，“白鸽巢前地”的名字便被沿用下来。

（2）白鸽巢公园

白鸽巢公园位于白鸽巢前地北面，是澳门半岛最大的公园。白鸽巢公园的葡文名字翻译成中文即贾梅士公园。该区域早期背靠沙梨头村，当时还是个水乡，花园山下濒海一带的地方，都是由沧海变为桑田，再由桑田变为闹市的。清代丘逢甲在其《澳门杂诗》中亦有描写：

白鸽巢高万木苍，沙梨兜拥水云凉。

炎天倾尽麻姑酒，选石来谈海种桑。[1]

◆ 白鸽巢公园门口

① 丘晨波等：《丘逢甲文集》，花城出版社，1994，第149—150页。

据相关研究得知，该公园为昔日澳门巨富俾利喇所创建，他发现了贾梅士洞穴，并为该洞穴竖起了第一座贾梅士半身像。[1]此地曾租给英国东印度公司的澳门分公司，后易手卖给另一葡萄牙富商马葵士为居所。18世纪中期，澳门将马葵士之寓所及其附近山地和洋楼，联合全岗，扩充开辟为公众游憩公园，并命名为贾梅士公园，那时人们习惯性地称之为“白鸽巢公园”。[2]1840年，贾梅士的第一座纪念碑在白鸽巢公园的石洞落成。洞口为一中式门廊，横额上写有中文“首善士”。

在澳门城墙未被拆毁之前，白鸽巢公园仍在城墙外面。到1886年，当洞穴和花园成为公有财产时，楼亭被拆除。后经一百多年的变化，逐渐发展成为如今的热闹景象。

今白鸽巢公园内树木葱茏，遍植花草，鸟鸣不绝。因到处可见挺拔繁茂的凤凰树，古木葱郁，绿荫翳翳，即使盛夏时节，处身其间，仍然清爽宜人。公园建在山丘之上，利用山上的乔木作为景观，富有自然特色，景色怡人，让人流连忘返。公园小山叠翠，园内小径依山而建，纵横如八阵图，正因这种远离城市的静谧之美，吸引不少居民来此晨练及休憩。如今在公园内，有一座名为《拥抱》的雕塑，用以纪念中葡友谊。

（3）白鸽巢山（即凤凰山）

白鸽巢公园位于一濒临内港的小山岗上，据澳门著名作家李鹏

① 吴志良、汤开建、金国平：《澳门编年史》（第三卷），广东人民出版社，2009，第1437页。

② 王凤仪、陈澧纂修《香山县志》中有载有《濠镜澳全图》，光绪刻本。该图标注中称为白鸽巢。

翥先生在他的《澳门古今》中考证得出“白鸽巢所在的山岗，就在凤凰山”。[1]清代凤凰山上种植凤凰木甚多，内地著名诗人郭沫若曾写诗道：“我们是大乔木，原名攀霞拿，种在澳门凤凰山上，故名凤凰花。”其实凤凰木长着由椭圆形组成的羽状小叶，宛如凤凰的羽毛，远远望去，犹如一群群风姿绰约的凤凰栖息于山巅，该山也因此而得名。今白鸽巢花园中的凤凰木已寥寥可数。

（4）周边建筑

在白鸽巢前地旁边，一同成为文化遗产的建筑有圣安多尼教堂、基督教坟场和东方基金会会址。

圣安多尼教堂

在白鸽巢公园的对面，可看见一座历史悠久的古老教堂，即圣安多尼教堂。该教堂又称为花王堂、花王庙，是澳门三大古教堂之一。

教堂供奉的圣安多尼圣人，乃是天主教徒信奉的“婚姻主保”之神，因而很多澳门人及葡萄牙人选择在圣安多尼教堂举行婚礼。由于婚礼多数以鲜花装饰，婚礼中新人及亲友都手持花朵，教堂也是用花卉来进行装饰，故教堂时常会出现一片花海，因此华人亦称之为“花王堂”或者“花王庙”。据《澳门纪略》下卷《澳蕃篇》记载：“北隅一庙，凡蕃人男女相悦，诣神盟誓毕，僧为卜吉完聚，名曰花王庙。”[2]

圣安多尼教堂原是用茅草和竹棚搭建而成的，位置在白鸽巢公园

① 李鹏翥：《澳门古今》，三联书店，1986，第37页。

② 印光任、张汝霖：《澳门纪略》，赵春晨点校，广东高等教育出版社，1988，第63页。

◆ 花王堂（约1900年）

附近一带。“1608年迁往现址，但于次年又被大火烧毁，在1610年再重建。”[1]直至1638年，方改用石头重新兴建。其后在1810年和1875年进行过两次重修，1930年才形成今日的外观和规模，并将该教堂从1638年到1875年的历史以葡萄牙文刻在教堂正门石碑上。

① 林家骏：《澳门教区历史掌故文摘》第一册，澳门天主教教务行政处编制，1980年内部发行。

基督教坟场

基督教坟场原称东印度公司坟场，乃是英国东印度公司澳门分公司所辟，位于白鸽巢前地东侧，是澳门第一座基督教新教坟场。据施白蒂叙述："坐落在贾梅士广场的基督教坟场和教堂于1814年正式落成，但第一次安葬在1821年才举行。"[①]基督教坟场内有圣公会马礼逊堂，与坟场同时修建，1922年重建。马礼逊（1782—1834）是英国新教牧师，1807年被伦敦传道会派遣来华传教，是第一位来华的新教传教士，曾长期居住在澳门，死后就葬在基督教坟场，该处教堂也以其名字命名，作为纪念。另外，此处墓冢多是19世纪的。1852年，居澳二十多年的英国画家钱纳利在澳门逝世，并葬在基督教坟场中。该

◆ 白鸽巢前地东侧的基督教坟场

① 施白蒂：《澳门编年史·19世纪》，姚京明译，澳门基金会，1998，第18页。

坟场1858年关闭，今成为澳门古迹，环境清幽，吸引不少外国游客慕名前往瞻仰凭吊。

东方基金会会址

东方基金会会址位于白鸽巢公园旁，18世纪澳门巨富俾利喇在澳门购置了大批地产，并修建了著名的“俾利喇行宫”，即今东方基金会会址。后来该处租给了英国东印度公司，并作为该公司驻华商务监督、大班及英国驻中国高级官员的住所。1885年该房屋成为澳门政府的财产，20世纪60年代后曾改作贾梅士博物院，现为东方基金会会址。原来有两层，后顶层被台风所毁。今面貌虽已有很大变化，但仍保留着强烈的南欧建筑风格。

◆ 东方基金会会址

11. 恋爱巷

恋爱巷位于澳门半岛中心地带，花王堂区的南部，大三巴街和大三巴右街之间，是“一条令人心如鹿撞，充满憧憬的小巷”。[1]该巷开辟于20世纪20年代，起始位置在这90多年来都没有什么改变，全长50米，从头到尾两分钟就能走完， 但走入它，仿佛沉浸在一个异国国度，安静而优美，让人禁不住要驻足沉思，似觉古城神秘而耐人寻味。

◆ 恋爱巷

① 陈继春、陈炜恒：《陈继春澳门速写集》，澳门基金会，1999。

（1）名字由来

乍听“恋爱巷”，不免会认为这是恋人爱行的街巷，或者是这里曾经发生过一段可歌可泣的爱情故事。当年葡萄牙人开辟恋爱巷，是为了接通大三巴和花王堂，花王堂又称圣安多尼教堂，而圣安多尼（St. Anthony）正是天主教中掌管姻缘的天使，故一般会以为恋爱巷就是来自这位关注人间爱情与姻缘的天使。其实不然，该巷的名字来源于其葡文名称“Travessa da Paixão”，且命名的初衷与“恋爱” 无关，反而含有受苦受难的意思。根据该巷附近街道例如大三巴右街的葡文名称可知，“Paixão”的本义是耶稣受难，故该名称只是单纯地从宗教上来缅怀耶稣，表达对天主的热爱；但利玛窦的《葡汉字典》却误把“Paixão”译成“恋爱”，且现今的《葡汉字典》多将“Paixão”解释为酷爱、迷恋、感情和激情等，再结合该巷娴静、浪漫的氛围，故造就了“恋爱巷”这个独特街名。如今恋爱巷的建筑及其景色更接近于“迷恋、激情”的解释。恋爱巷第5至11号楼房具有完整和相同的装饰，均以粉红色和浅黄色为主，有“柔情”的感觉；绿色门窗在粉红色外楼中显得更加突出，这可能便是激情。如此既有粉红色楼的柔情，又有浅黄色楼的蜜意，怎能不留给人们无尽的回味。

（2）建筑特色

“相信爱情八十多年的华灯，抱紧新古典主义送给中葡信徒的花纹。”[①]至今已有90多年历史的恋爱巷，其大部分建筑具有新古典主义的风格，简洁而典雅。漫步其中，仿佛走进了南欧的小镇，古旧而沧桑。5号至11号楼房则以优雅的色彩著称，有白色的边框和装饰、

① 飔飔：《爱·恋爱巷》，《澳门日报》2010年5月12日。

◆ 恋爱巷（约1925年）

◆ 白天的恋爱巷是美轮美奂的、华丽的，虽然只短短的一小段，浪漫却是无限的

粉红色的外墙、绿色的百叶窗。最为特别的是，这里还能看到建筑上的星星和蔷薇的装饰，整个澳门都很难找到保存如此完好的了。而第13号房屋则混合了新古典主义和现代主义的不同建筑风格，故前段与后段的风格截然不同。而形形色色的万国旗、绿色的百叶窗、白色的边框和装饰使这条小巷更加的“罗曼蒂克”，令人迷恋。

（3）华丽而纯净的美景

整条恋爱巷都是葡式民宅，看起来好像游乐园里童话故事的布置，不过这里已经成为行人专用区，形形色色的人从这里经过，情侣喜欢来这里拍拖。电影《伊莎贝拉》《游龙戏凤》就曾在这条小巷取景。此处亦是拍婚纱照的好地点。而且恋爱巷紧邻大三巴，巷尾就可以看到大三巴，使人有误入欧洲古典小镇的错觉。

白天的恋爱巷是美轮美奂的，是华丽的。恋爱的气息浓郁，粉嫩的墙壁颜色让女孩们心花怒放，再加上淡黄色的温馨，恰到好处的浪漫，不言而喻。略有些剥落的墙壁为这里添上了岁月的痕迹，明快的颜色与周围景象和谐相容，仿佛可以想象，里面有一位碎花蕾丝裙少女，在念书、写信、做女红或弹钢琴。这是一条不起眼的小道，即使游人如织，也少有深入小巷的人群，所以白天这里依然是娴静美好的。恋爱的人携手于此漫步，只短短的一小段，却无限浪漫。

黄昏的时候，在巷里看到金黄色的大三巴，非常漂亮，像一幅挂在画廊里的油画。夜晚这里更显得宁静，几乎没有人从这个小巷里走过，也看不到情侣来此游玩，夜晚的恋爱巷是孤独而僻静的。霓虹灯下，整条街道荡漾在昏黄的色彩中，整洁的碎石路，玻璃街灯，中间的石头花盆，小巷尽头的梯级，这些都让人有种柔静含娇的感觉，让人不禁驻足沉思，含着淡淡的忧郁，抑或是丝丝的甜蜜。

12. 大三巴街

大三巴街原是大炮台山斜坡之山道，是典型的石子路，街道很狭窄，与其根据街上别具特色的葡萄牙瓷砖上的名称说它是街，不如称它为斜巷。以卖草地街为起点蜿蜒而上，至花王堂街止，在富运台和长楼斜巷之间。

◆ 大三巴街之一

◆ 大三巴街之二

（1）街名由来

大三巴街很早就开辟了，原是大炮台山斜坡之山道。昔因圣保禄教堂（即大三巴寺）居其上，而得街名。据《澳门宪报》记载，早在1869年7月26日大三巴街已被官方命名，这是澳门第一批被命名的街道。

顾名思义，此街因为大三巴教堂（圣保禄学院的教堂）而得名，这座著名的教堂是耶稣会建造的，只因在1835年的大火中烧掉了大部分，只剩下现存的前壁，即所谓的大三巴牌坊。因“三巴”是“圣保禄”的译音，所以早期的圣保禄教堂被中国人称为大三巴寺，其对着的街道，亦取名为大三巴街。

（2）大三巴牌坊

大三巴牌坊，其正式名称为圣保禄大教堂遗址，准确来说是天主之母教堂（即圣保禄教堂）正面前壁的遗址。现为澳门最具代表性的名胜古迹。圣保禄教堂从创建之初，就于1595年和1601年先后两次失火，而后终于在1637年竣工。但这间教堂与火结下了不解之缘，于1835年再次惨遭大火焚毁，教堂仅剩正面前壁、大部分地基以及教堂前的石阶。自此，这里便成为世界闻名的圣保禄教堂遗址。本地人因教堂前壁形似中国传统牌坊，将之称为大三巴牌坊。

牌坊属巴洛克式建筑风格，由花岗石砌成，共分五层。底下两层为同等的长方形，三至五层构成三角金字塔形。顶端立有一个十字架，其下嵌有象征圣灵的铜鸽；铜鸽像的旁边围着太阳、月亮及星辰的石刻，象征圣母童贞怀孕一刹那时光；铜鸽之下有一圣婴雕像，其左上是“永恒之火”的雕像，右侧则是“生命之树”的石刻。第三层中央凹面供奉着圣母玛利亚的铜像，其旁有天使陪侍，并饰以牡丹和东方菊花的浮雕，前者象征中国，后者代表日本。第四层有四个壁龛，分别供奉耶稣四名圣徒的雕像，是天主教在澳门宗教中占主要地位的历史见证。

◆ 大三巴牌坊的正面

◆ 大三巴牌坊的背面

而第三层和第四层的左右两侧，雕刻有中华民族传统文化艺术的象征动物狮子；底层为三面门户，正门的楣额上用葡文刻着“MATERDEL”，意即“天主圣母”，两侧的门上刻有耶稣的记号“HIS”。其中有些雕像上还刻有汉文的说明文字，据澳门徐新先生考证说：“在那个年代的巴洛克建筑上，刻有中文字样的只有澳门的圣保禄教堂。”①由此可知大三巴在当时是独具一格的建筑，正如科塞依罗所言：“无论是

① 徐新：《澳门的视野》，澳门基金会，1994，第3页。

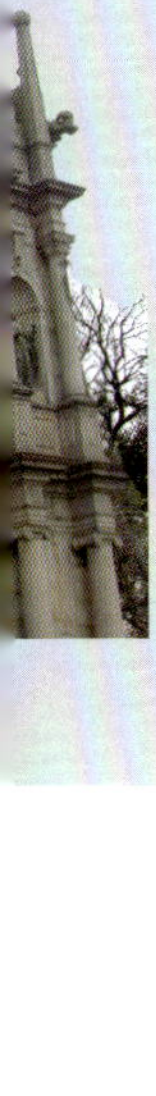

◆ 从大三巴哪吒庙看牌坊

中文字，还是一些当时对于欧洲宗教建筑艺术仍陌生的东西，都是大三巴牌坊这一宗教艺术建筑最有特色的方面。”[①]大三巴牌坊上各种雕像栩栩如生，既保留了传统，又有创新，既展示了欧陆建筑风格，又有东方文化传统，体现着中西文化结合的特色。

如今大三巴牌坊成为澳门历史城区的一部分，虽然已失去教堂的实际功能，但它与澳门人的生活息息相关，许多澳门人结婚时喜欢在此拍摄婚纱照以作纪念。

（3）长楼、长楼街

据布衣的《澳门掌故》载，“大三巴街俗称长楼”，[②]实则不然，大三巴街只是长楼街的南段。乾隆十一年（1746），海防同知张汝霖封闭拆毁该街上的唐人庙；道光末年（1850），原唐人庙的地段新建了一座葡式洋楼，即建筑物长楼。

具体见1925年的《澳门市街道名册》载，本地位于大三巴街，自大关斜巷至花王堂街之终点，中国人称之为“长楼”。可知，此长楼只是一列西洋式楼宇，绵延甚长。也正因如此，当地居民习惯性称该处街道为“长楼”。又因这座楼宇连接了今大三巴街和花王堂街，故人们统称这两条街为“长楼”。

长楼街是澳门的古街道名，辟街于明万历年间，大概是1580年。其实，该街是“花王堂街”的延续，是现今“大三巴街”北端的一段再加上原有“花王堂街”，遂成该街。长楼街北段，因尽处有花王

---

① 科塞依罗：《澳门与耶稣会艺术在中国的发展》，《文化杂志》1994年第21期，第25—26页。

② 布衣：《澳门掌故》，广角镜出版社，1977，第75页。

◆ 长楼（甘长龄绘）

堂，今称之为花王堂街；而南段因附近有大三巴牌坊，今称之为大三巴街。可以说长楼街乃今之大三巴街及花王堂街的总称。如今长楼街已经不存在，只留下花王堂街与大三巴街交界处，即“富运台”对面巷口的“长楼斜巷”，成为长楼的唯一印记。

长楼街因街上两层高的楼房而得名，此楼房其实是南欧样式的“排屋”，门户栉比，屋宇鳞次，顺街而连亘，故该楼宇也被称作“长楼”。建筑物长楼，是澳门早期的耶稣会所建，是澳门第一任主教、耶稣会会士、葡萄牙历史上著名的学者卡内罗下令拨款兴建的，其用途是充作“圣保禄学院”传教士的宿舍。后来该楼的用途发生改变，据金丰居士叙述，亚洲第一台西式活版印刷机就安置在

“长楼”内，明万历年间，圣保禄学院印刷所迁入长楼。[①]而刘显声亦在《制版印刷技术总论》一书中提到，西式活版印刷术是由葡萄牙人输入澳门，后才经耶稣教徒于1589年传入中国内地。[②]如此可推测，西式活版印刷机于明万历年间确已传入澳门，但是否是亚洲第一台就无从考证了。此后长楼的印刷所出版了许多宗教典籍。鸦片战争后，长楼一带成为“猪仔馆”的集中地，所谓“猪仔馆”，即贩卖华籍劳工往外国之所。至1874年8月12日，台风袭澳，长楼街失火，街上的“猪仔馆”被烧毁，由于世界舆论的谴责，澳门政府于1875年命令禁止贩卖华人劳工。

（4）大三巴街旁的女娲庙

在大三巴街与草堆街的交界处，有一女娲庙，庙宇很小，与普通民房相似，从旁边走过，不仔细看，不会发现这是一座庙宇。昔日，

◆ 卖草地女娲庙

---

① 金丰居士：《澳门街巷来龙去脉》，《大众报》2004年7月22日。

② 刘显声：《制版印刷技术总论》（合订本），徐氏基金会出版，1973，第31页。原文：“后于1561年，始由葡萄牙道僧之手，将洋式活版术输入，继之，由耶稣教徒之手，于1589年，传入中国，翌年传入日本。”

该庙的正门是面向大三巴街的，今门前的空地为神殿故址，庙的后面有一布匹店，通向草堆街。而在1914年的冬天，布匹店失火，波及女娲庙，正殿被烧毁，只剩下偏殿。澳门当局不允许重建庙宇，在正殿的位置上开辟了街道。后女娲庙经过修葺，又加奉吕祖，名为“灵岩观”。今在女娲庙的庙牌下可见“灵岩观”三个字。

（5）繁华景观

大三巴街非常繁荣，可以说各式各样的商店都可在大三巴街中找到。20世纪90年代初，瓷器店陆续出现在大三巴街上，渐渐取代了过去的家私店在大三巴街上的角色。现在的大三巴街已成为澳门重要的旅游区，街上游客络绎不绝，且临近多所学校，使大三巴街不论春夏秋冬都人来人往。现在该街上旧的家私店已结束营业，瓷器店亦不多见，如今居于大三巴街上的多是手信店和新开的中式家私店。

大三巴街分为两段，北为长楼斜巷至耶稣会纪念广场，有很多古玩、工艺等商店；南为耶稣会纪念广场至女娲庙，其建筑物多是一些有葡萄牙特色的建筑，街上开满了手信商店，故大三巴街素以“手信一条街”而名扬中外。其实，街内最为出名的食品是牛肉干、猪肉干和杏仁饼等。也不知道从什么时候开始，商家们都用“免费试吃”来招揽客人，大三巴街的手信也随着“免费试吃”而香名远扬。街道两旁的建筑是澳门早期的建筑，狭小的巷弄间还能看到以自然取材而来的咕咾石所建的建筑，搭配着店家所卖的古董、古玩，让人感受到澳门人巧妙运用大自然的智慧。沿着大三巴街走到牌坊后，即可见到这两个不同特色的景观。

13. 花王堂街

花王堂街位于澳门半岛西部，北端为花王堂前地，南与大三巴街相接。具体位置由大三巴街起，在富运台和长楼斜巷之间，经花王堂前地，至花王堂斜巷上端处止。它是1869年由澳门政府首次正式命名

◆ 花王堂街之一

◆ 花王堂街之二

的街道，乃澳门最古老的街道之一，大概在明天启年间已经开街了，且从辟街之初至今，其地理位置并没有发生很大变化。

（1）街道建置

此街因其通花王堂（圣安多尼教堂）而得名，教堂供奉圣安多尼神像。街的开辟不仅是为了沟通澳门最古老的圣安多尼教堂和圣保禄堂，也是为了便于从沙栏仔码头运送物资上大三巴和大炮台。

金丰居士在《澳门街巷来龙去脉》中叙述："花王堂街开辟的时期约在明朝隆庆三年（1569）。"[1]如若从花王堂建立的时间考究，这一说法还是可信的。而该街道开拓时，据说澳门教区曾发动过教众义务劳动，无论男女、大人小孩，都有参与；该街道开通时，澳门主教卡内罗曾为之"洒净祝福"。这条街在当年的澳门教区是"祝圣之路""福音之路"。现今的花王堂街不过是一条"假古董街"罢了。

到了清乾隆嘉庆年间，花王堂街便已经开街辟坊了，1869年澳门政府正式将其命名，并刊登在《澳门宪报》上，街名一直沿用至今。

（2）中葡分界线

在明清两代，花王堂街是澳门一条独特并名副其实的"中葡街"，将中、葡社群居民清楚地分开。花王堂街东北，即花王堂与大三巴之间地带，多为高地，是葡萄牙人聚居区，南欧样式的房屋踞座在山顶，环境清幽，近可俯视山下市井，远可眺望北海内湾景色。该街的西南低地一带，即烂鬼楼、果栏街、永福围、快艇头里一带，全是中国人家，青砖墨瓦样式的砖木房屋，巷弄狭窄，人声鼎沸，是当时澳门最具人气之所在。

（3）花王堂（圣安多尼堂）

花王堂又称花王庙、圣安多尼堂，可以说花王堂是西方的月老庙，葡文名翻译为圣安多尼堂，旧时华人称之为花王庙。圣安多尼乃是"婚姻主保"之神，职责与中国的月老相当。诗人尤侗有诗云：

---

① 金丰居士：《澳门街巷来龙去脉》，《大公报》2004年7月13日。

蜈蚣舡橹海中驰，入寺还将红杖持；

何事佛前交印去，订婚来乞比丘尼。[1]

而通往花王堂的小街小巷均是往上攀升的斜坡，如此凸显了其神圣的宗教地位，引发朝圣者对其的崇敬之情。

◆ 花王堂
（约1890年）

花王堂的建立时间，学术界众说纷纭。一是王文达与林家骏神父均认为建立于1565年之前；二是黄启臣采用亨利格的说法，认为建于1600年；三是郑炜明认为建于1562年；四是郭永亮采用亚拿以斯《澳门》一书之说，称花王堂建于1558年至1560年之间。其实在嘉靖四十四年（1565）圣保禄学院筹设大学院时，已提及此堂，但当时仅为小规模之堂，故花王堂的创建时间应在1558年至1565年之间。初建时花王堂用竹搭成，是澳门第一所“天主之屋”。而正式建造当在1608年，即万历三十六年，可惜翌年毁于大火，1610年重建。

今在花王堂门前，有一石碑载：“建于一六三八年；毁于一八零九年；再毁于一八七四年；重建于一八七五年。”具体来说，花王

① 王文达：《澳门掌故》，澳门教育出版社，1999，第106页。

堂是在1638年以石头重建，并在堂前立大十字架。1809年又遭火焚，1810年复建。1874年9月22日甲戌风灾，该堂被雷电击中起火烧毁，但其火光却引导了海上的居民上岸，故教徒把每年的9月22日定为“火灾节”，以纪念此事迹。1875年重建教堂，即现存教堂。至1930年，获总督巴波沙资助，重修教堂，外观改建成水刷石粉面，有着独特的不对称外立面，形式简洁，建筑体现了新古典主义风格。虽然这次重修保留了旧日的面貌，但装饰图案已趋现代化，是当时最美丽的教堂。1950年至1952年，先后改建神父寓所和堂中内部祭台及正祭台，放上十字架和神像。此后，教堂面貌保留至今。如今，一般青年男女多前往该处举行婚礼。

吴历在《三巴集》曾提及：“前山圣堂小钟打起，各堂大钟即应。”[1]因为花王堂是澳门最早的教堂之一，其钟声洪亮，素为澳门其他教堂鸣钟的表率，每当其教堂钟声响起时，其他教堂即群起回应。人们便在这响亮的钟声里晨起而作。

（4）育婴堂

花王堂街在明朝年间便已开街，而这街上有一座葡式大宅院，即今花王堂街的圣玫瑰学校处，曾经是澳门仁慈堂的育婴堂所在。育婴堂是亚洲第一所西方文明制式的儿童慈善机构，它是由澳门天主教、葡萄牙神父卡内罗倡建的。

育婴堂在16世纪时构建，可谓是澳门仁慈堂的第一个慈善单位。这时正是澳门开埠之初，中国正值明朝末年，到处天灾人祸，饿殍遍野，

---

① 中国第一历史档案馆、澳门基金会、暨南大学古籍研究所合编《明清时期澳门问题档案文献汇编》第6卷，人民出版社，1999，第420页。

多有弃子、孤儿，育婴堂便在这种情况下“应运而生”。据《澳门纪略》载：“……门侧有转斗悬铎，有弃其子者，掣绳响，置转斗中，僧闻铎声至，收而育之。”[①]这些育婴堂的孤儿都接受了西方教育，长大后全部受洗入教，并在成人后从事传教工作，或者在澳门机构中任职公务员。育婴堂在花王堂街存在了七十年，后搬迁至现今的圣禄杞街近水坑尾处，规模宏大，为一座葡式大宅院，内里可容纳更多的弃婴和孤儿。

◆ 圣玫瑰学校（曾经的育婴堂）

① 印光任、张汝霖：《澳门纪略》，赵春晨点校，广东高等教育出版社，1988。

14. 沙栏仔街

沙栏仔街由巴素打尔古街起，至花王堂斜巷即永乐里与工匠里之间止。据《澳门宪报》可知，此街道于1869年间正式命名，是澳门逾百年的古老街道之一。

（1）街道建置

虽然此街正式命名于1869年，其实早在此之前该街便已存在。据《澳门编年史》所述，“1859年8月9日，管理华人事务官劳伦索·马葵士向总督报告，他先后参观了位于万里围、下环街、夜呣巷、沙梨头口巷、沙栏仔街和圣安多尼堂的中国移民招聘处，后四个地方仍不

◆ 沙栏仔街

◆ 沙栏仔街是澳门逾百年的古老街道之一

断有人去报名。”[1]以此推测，在1859年之前，沙栏仔街就已经存在了。而在1558年，葡萄牙人便将靠近港口附近的“沙栏仔街”作为最初定居点，故有学者认为“沙栏仔街应是澳门具有城市意义的第一段街”。[2]

此街的中文名字缘何而起？根据1827年的《新修香山县志·濠镜澳全图》[3]可知，下环街、司打口、炉石塘、沙栏仔等地方当时都是海边堤岸，沿堤有八角亭步头、士孟步头、旧茂记水口、十八间

① 施白蒂：《澳门编年史·19世纪》，姚京明译，澳门基金会，1998，第139页。
② 严忠明：《直街观念与其早期城市建设的规则》，《史林》2004年第1期。
③ 祝淮、黄培芳：《新修香山县志》第四卷，台湾学生书局，1985。

尾水口、吉庆里水口、第头巷水口、植槐巷水口、船澳口、盐步口等地名。随着填海的完成，这些水口也随之消失，只留下地名向人们诉说曾经的沧海桑田。在澳门还未大规模填海造地以前，内港海边一带尚属海侵之地，以沙栏仔为界，其北为浅湾，其南有北湾。这道界线为自然形成的沙滩，栏隔两湾，故称“沙栏”，但又以其小，广州话又叫“仔”，故此区被叫做“沙栏仔”。其区内的街道亦以此专名命名。

而“沙栏”一词的来源，笔者认为有另一种说法。其实沙栏仔的“栏”字，原应作“拦”字，意思是“沙堤阻拦而形成”。昔日人们习惯将那些四周封闭的地方起名为“栏”，这种“栏”在街市内通常是用来作为水果、动物或其他商品的批发场所。而沙栏仔就有很多上述的“栏”，当地居民不仅以捕鱼为生，而且还从事与渔业有关的活计，于是葡萄牙人把这里称为“鱼网场”。[①]又因为这里先前是沙滩，故“拦”字逐渐演变为“栏”字，华人称之为“沙栏”。至清同治年间填筑了北湾、浅湾后，沙滩也遭掩盖了，沙栏仔街得以开辟，居民的生活也发生了变化。

（2）沙栏仔

香山著名诗人黄培芳主纂的《新修香山县志》卷四《海防》中，概述了澳门从明至清的历史，其尾附的澳门历史地图《濠镜澳全图》，是现存澳门中文历史地图中标注地名最多，也最为详细的一份，其中含有许多重要的澳门历史、地理资讯，而图中也标出了

---

① 路易士・高美士：《澳门传说》（中文版），澳门国际研究所，2004，第133页。

"沙栏仔"。[1]可见，沙栏仔是澳门古地名，位于澳门半岛的西岸。

其实沙栏仔原是指白鸽巢山（即凤凰山）西麓深入海的一道凸起的沙堤，这道沙堤是自然形成的，直指湾仔，深入海中三十多米。由沙栏仔向北沿着沙梨头、新桥至莲峰庙一带，称为浅湾；由沙栏仔向南，经炉石塘、下环街至妈阁庙，这一带叫北湾。沙栏仔是原浅湾和北湾的分界线，地理位置尤为重要。如今两湾因填海而消失，这一沙堤也被开辟成街道，即沙栏仔街。在沙栏仔沙滩的北侧，有一个平静的大海塘。因此海塘水浅，故不适合泊船避风，却适合海水养殖。据金丰居士所述，澳门半岛最早的蚝田，就设在此海塘处，有名曰："沙栏蚝塘"。[2]

（3）街道生意之演变

因早期沙栏仔是一海滩，故街道上都是从事与渔业有关的活计，开设有做渔产生意的店铺，这些店铺不仅从渔民那里收购各种鱼来赊售给零售商贩或批发出口，而且还经常补助渔民或以口头约定的方式预付给渔民一定的款项，使他们能有资金来造船或修船，然后在一定的期限内用捕来的鱼折价偿还。住在附近的居民，除以捕鱼、卖鱼为生外，还有不少从事编织或修补渔网的工作。据1884年3月29日的《澳门宪报》记载，直到19世纪后半叶，即沙栏仔被填海造地以后，澳门政府"为免有毒气，以便民居得保养之法，将柴船尾并沙栏仔卖鲜鱼街市撤销，迁往公局街市"，该街的渔业生意自此萧条。

① 祝淮、黄培芳：《新修香山县志》第四卷，台湾学生书局，1985。

② 金丰居士：《澳门街巷来龙去脉》，《大众报》2003年11月10日。

◆ 沙栏仔街，旧式米铺

◆ 沙栏仔街，利记五金

沙栏仔街上还从事过令人发指的“卖猪仔”生意。昔日，澳门的“猪仔馆”大都集中在今圣安多尼教堂（花王堂）附近的长楼（花王堂街）、沙栏仔街、快艇头街一带。而这些走进“猪仔馆”中卖身的成年工人，不管是被骗还是自愿，终究是自己走进“猪仔馆”的。后澳门政府于1875年明令禁止这种交易，这一惨无人道的生意才在沙栏仔街上消失。

如今的沙栏仔是一条“古董家私街”，是澳门知名的古董街，这里出售的古董家具或者仿古家具，价格比其他地方都要便宜。

望德堂区

望德堂区位于澳门半岛中东部，是澳门半岛的五个堂区之中面积最小的一个。其南部为商业住宅区，中部为普通住宅区，北部和东部则有很多高层住宅区，矗立着一些高楼大厦。该区工业场所很少。

堂区历史

自1894年分区之后，近百年间，澳门“城区”随着葡萄牙人扩张而至今天的规模，“堂区”亦由当年的三个增至五个，望德堂区便是新增的两个堂区之一。在《澳门市街道名册》中，仅仅记载了三个坊约，尚未有望德堂区和花地玛堂区；但该书中又补充了一些20世纪60年代至70年代变更的街道，在对这些街道的叙述中，已有望德堂区的记载。故推测，望德堂区是在20世纪60年代左右确定的。

◆ 望德圣母堂

堂区范围

望德堂区是澳门唯一一个内陆堂区，被花地玛堂区、圣安多尼堂区和大堂区包围，分别以美副将大马路、海边马路和东望洋斜巷、贾伯乐提督街为界，包括荷兰园、塔石和东望洋山，其中三分之一的面积为东望洋山。

（一）东望洋山

东望洋山是澳门半岛最高的山，原为一荒山岗，东面临海，昔日自广州来的船只，“将抵境，先经东望洋山，西行绕至西望洋山下，折入内港，所谓北湾，方能下碇。”

该山东北—西南走势，据王文达先生考证，“因其横卧若瑶琴然”，古称“琴山”。19世纪澳门政府广植松树，故此山又被称为松山或万松岭。汪兆镛的《澳门杂诗》描写如下：

◆ 东望洋灯塔

岹峣灯塔下，亦曰万松岭。

危礓咽寒涛，响撼瘦蛟影。

蟠曲若无路，深翠辟奇境。

幽人泛瑶琴，众籁动凄警。

风帆时去来，缥缈荡千顷。

万松岭西南面新荷兰园，东北面海，山不甚高，而层复曲折，极松石烟涛之妙。

如今，该处已成为一著名的旅游景点，包括东望洋灯塔、东望洋炮台、圣母雪地殿教堂、松山防空洞等历史建筑。

（二）望德堂坊

望德堂坊，又称疯堂区，过去称进教围。具体位置在澳门半岛中部，望德堂区的西南，被大炮台山镜湖马路、水坑尾、荷兰园大马路与西坟马路所包围。由此可知，望德堂坊是望德堂区的一部分，二者不能相提并论。

往昔该坊是华人天主教徒聚居的地方，也是中国内地教徒为避清政府追捕的避难所之一。坊内以前有一麻风病院，故有疯堂区之称，后来越来越多的华人在此坊加入教会，故又有“进教围”的称号，一时宗教色彩浓烈，至近代此况才消逝。如今望德堂坊已经成为重要的文化保护区及旅游场所。

堂区特色

可以说望德堂区是一个颇具南欧风情的隐世社区，悠闲而宁静。这里的窄街纵横整齐，呈长方形，且仅容汽车单向行驶；尤其是疯堂斜巷附近，街道两旁是建于19世纪末至20世纪初的欧陆式建筑，渗透着岁月的沧桑，后经过翻修，外墙都被髹成红色与黄色，在路上铺上葡式碎石路，改装欧陆式街灯。每当夜幕低垂，古老的路灯散发着昏黄色的光，映照在铺有彩色葡式石子的街巷上，犹如置身在宁静而安详的南欧小镇，吸引了大量寻幽探胜、喜爱悠闲的旅人。

◆ L.Wathen（沃森）画中的望德堂

1. 肥利喇亚美打大马路

肥利喇亚美打大马路又名荷兰园大马路、荷兰园正街，位于澳门半岛中部，东北—西南走向。南端在东望洋街口接水坑尾街，北端至美副将大马路。从北到南沿途街道有雅廉访大马路、高士德大马路、罗利老马路、美的路主教街、高伟乐街，与水坑尾街连接在一起，贯穿南北，是澳门半岛的主要交通命脉之一。

◆ 肥利喇亚美打大马路

（1）街道建置

肥利喇亚美打大马路为葡文译音，是根据葡萄牙人阿尔梅达而命名的。阿尔梅达出生于1847年，卒于1902年，在1895年时任葡海事暨海外部长。工程师努内斯在重新规划望德堂区的时候，以肥利喇亚美打大马路来纪念阿尔梅达。据唐思在《澳门风物志》中所述，这条街道原是“澳城”水坑尾门外的一条石板路，后扩为泥路，至20世纪20年代铺上水泥路，50年代又成为澳门第一条钢筋三合土路。[①]

根据1993年的《澳门市街道名册》记载可知，该街名最早出现在1905年的《澳门市街道名册》上；再结合肥利喇亚美打在澳门的任职时间，可推测出该街的命名年份应在1895年至1905年间。昔日，该街位置仅仅是今天的一小段，据1905年《澳门市街道名册》对该街位置的叙述，该街从西坟马路至柯高大马路，可见与当下该街位置略有不同，且长度稍短。而到1925年时，望厦村已被强征，今美副将大马路又从该村穿过，同时肥利喇亚美打大马路也被扩建，并向两端延伸，地理位置大约是从水坑尾街起，终于美副将大马路。到了这时该街位置便与今天的相一致了。其位置变化情况正如《澳门肥利喇亚美打大马路位置变化图》所示。但这时的肥利喇亚美打大马路并未划分给望德堂区，而是分别属于大堂和花王堂两个堂区，当时该街的1号至87号属于大堂区，其余部分属于花王堂区。后随着澳门城市规划，街道门牌号进行了重新编排，故而街道分属于两个堂区的部分也稍微发生了变动。到了1957年，该马路由水坑尾至西坟马路的一段，及其余双号数的一侧属于大堂区，单号数的一段属于花王堂区。由此可知，20世纪中叶，这条大马路成了大堂区与花王堂区的分界

① 唐思：《澳门风物志》，中国友谊出版社，1998，第59页。

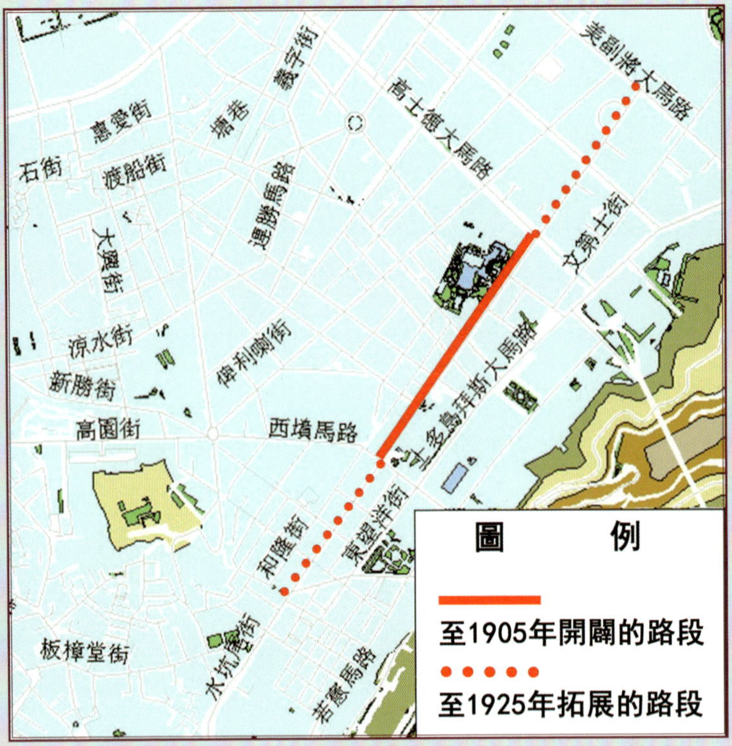

◆ 澳门肥利喇亚美打大马路位置变化图

线。到了20世纪90年代，在澳门的行政规划上，澳门当局将该马路划分到望德堂区。

（2）“荷兰园”之历史钩沉

荷兰园的产生，与“葡荷之战”有着千丝万缕的关系。葡萄牙人刚来澳门不久，荷兰人也觊觎澳门。早在明万历二十九年（1601）时，荷兰人就曾数次向明朝提议，欲借地通商，但都遭到拒绝，于是屡次偷袭澳门，结果都是无功而返。有相关史料称，“自佛郎机市香山，据吕宋，荷兰闻而慕之，万历二十九年，驾大舰，携巨炮，直薄吕宋，吕宋人拒之，转薄香山澳。澳中人数诘之，言欲通商，不敢为寇，当事难之。税使李道即召其酋入城，游处一月，不敢闻于朝，乃遣还。”[1]后又过数年，荷兰人仍不死心，终于在1622年向澳门杀来，“葡荷之战”爆发。

葡萄牙人击败荷兰人，俘获荷兵七百多人。俘虏的荷兵全都囚禁在“雀仔园”旁边，“进教围”坊外，远离古澳城的一处蔡姓地主的废弃庄园里，该处便是现在的“荷兰园”。

最初在荷兰园居住的是华人，还有一些非葡籍的外国教士。到了清同治年间，澳门拆除水坑尾城墙，开辟荷兰园，将荷兰园规划为一分为二的街区，并以两条大街横划之，即荷兰园大马路（肥利喇亚美打大马路）与荷兰园二马路（亚卑寮奴你士街）。

如今，荷兰园在进教围与华士古达嘉马花园之间，后人都误以为指塔石球场附近一带。19世纪后半叶，在塔石球场附近开设马路，因为肥利喇亚美打大马路这个名称很不顺口，不易记忆，且1622年荷兰入侵澳门失败，战俘安置于此，此处便有荷兰园之称，市民便叫此街为荷兰园大马路或荷兰园正街。

（3）八间屋

沿着肥利喇亚美打大马路漫步，你的眼球一定会被一些极有特色的古建筑所吸引。这些建筑就是现在文化局总部、澳门中央图书馆、

① 中国第一历史档案馆、澳门基金会、暨南大学古籍研究所合编《明清时期澳门问题档案文献汇编》第5卷，人民出版社，1999，第9页。

◆ 1925年的荷兰园正街

历史档案馆、东方基金会葡萄牙语言中心等所在的八座建筑物，它们位于罗利老马路与飞良韶街之间，以中文名“八间屋”而闻名，是澳门最具代表性的建筑展示区。1982年，这些建筑获得了亚太旅游协会（PATA）的文物大奖。

八间屋是20世纪10—20年代兴建的一些住宅用的楼宇，从前是贵族家庭的住宅和学校，如今是澳门建筑历史上最具代表性的楼宇，表现出受新古典主义建筑影响的欧陆式建筑风格，大部分房屋都是以红黄色为主，极其鲜艳抢眼，其格局亦十分有特色。

其中卫生局大楼正面长长的拱形长廊，体现了受欧洲和热带地区影响的糅合式建筑特色，即以黄色和白色为主的新古典主义建筑物，它是这里最引人注目的标志。大马路这一地区曾是澳门最贫穷的地区之一，环境恶劣，人口众多，鼠患严重。1895年澳门一带爆发鼠疫时，这一地区成为了疫症的中心，后鼠疫被消灭，这一地区的卫生得到改善，此地区又被重建并得以城市化。可见卫生局设在那里是有历史原因的。

而中央图书馆大楼和历史档案馆大楼都是典型的澳门贵族家庭建筑。如今在历史档案馆内，还珍藏着大量葡萄牙海外探险以及澳门地区与欧洲、中国内地、日本、东南亚国家质检相关的信函、书籍和手稿，其中1587年至1786年间最具价值的历史资料都以缩微胶卷的形式存放。

八间屋前面是一个由碎石铺成的广场（原塔石球场），这里经常会有大型的文化娱乐活动，热闹非凡。这里深沉的文化气息和强烈的生命色彩，让人难以忘怀。

◆ 八间屋中的两间，左边那间现为塔石艺文馆

（4）街道景象

现如今，肥利喇亚美打大马路前段街道两侧多是经营运动物品、服装的商铺，比较繁盛；中段因葡萄牙式花园住宅极具历史性，且著名的卢廉若公园在马路中段西侧，又有“八间屋”在此“坐镇”，是值得游客游览的好去处。这条大马路结合了购物、旅游两项功能，街道人流量很大，人气很旺，一片繁华景象。

◆ 原塔石球场

2. 西坟马路

西坟马路位于澳门半岛中部，由肥利喇亚美打大马路起，至新胜街（即美珊枝街与区华利街之间）止。于1869年正式命名，距今已有上百年历史。

◆ 西坟马路

（1）街道建置

西坟马路是根据旧西洋坟场（今圣味基坟场）而得名的。该坟场于1854年开设，而西坟马路被官方正式命名于1869年，以此推知，该马路的开辟时间应在1854年至1869年间。

该马路开辟之初的地理位置与今天略有不同，据1905年的《澳门市街道名册》载，其位置“位于新胜街与东望洋街之间”。很明显，昔日该街包含着今天的高伟乐街。见澳门西坟马路开辟初期位置图。虽然直到1925年该街位置都未发生改变，但是由于市政规划，这时澳门政府已将其分属两个堂区，即该街的1号至15号的一段，以及市畜栏，属于大堂区；而其余部分属于花王堂区。

1993年的《澳门市街道名册》中明确指出，昔日高伟乐街属于西坟马路。而高伟乐街在1982年的议事亭会议上被正式命名，且将原助

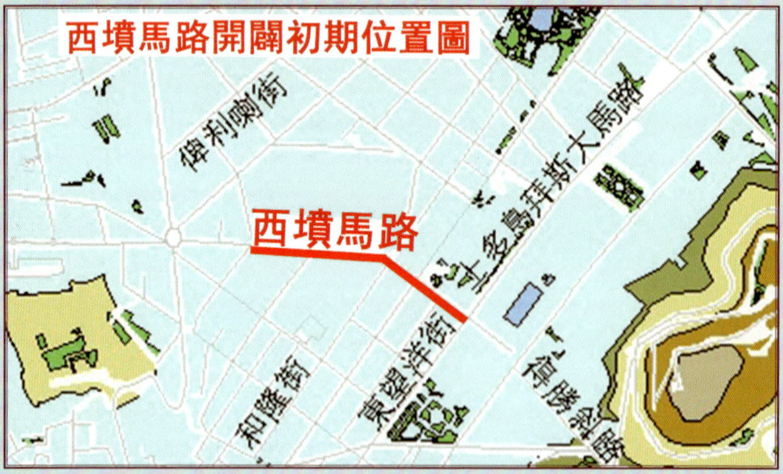

◆ 澳门西坟马路开辟初期位置图

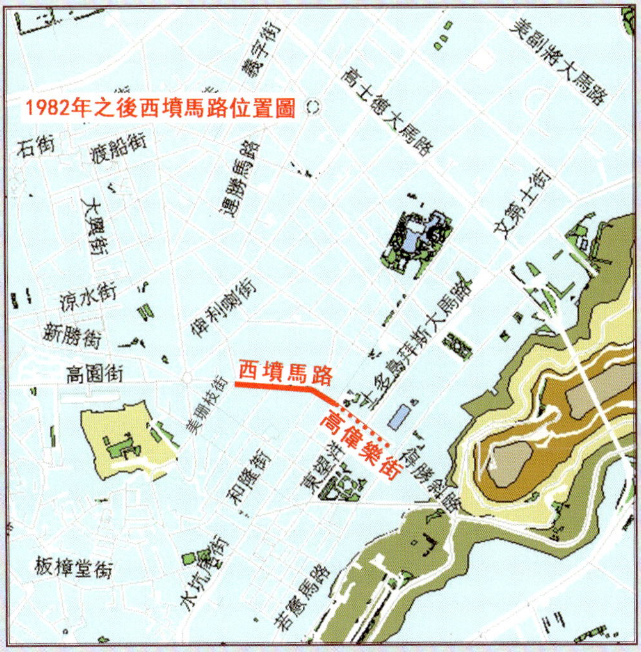

◆ 1982年之后澳门西坟马路位置图

学会街改名为高伟乐街，具体位置在得胜马路与肥利喇亚美打大马路之间。所以，1982年之后，西坟马路的位置才起自肥利喇亚美打大马路，终于新胜街，与今天的位置一致。见1982年之后澳门西坟马路位置图。

（2）旧西洋坟场（圣味基坟场）

西坟马路因圣味基坟场而得名，此坟场俗称旧西洋坟场，并位于该马路上，其俗称中的“旧”是相对于虔信街的望厦坟场（新西洋坟场）而言。

◆ 旧西洋坟场

有些人路过西坟马路，看到偌大的西洋坟场不是辟设在市郊，而是坐落在市区中央，四周紧贴居民住宅，与城市设计不大协调而大惑不解。其实该坟场辟设于1854年，位置在当年“澳城”之外的叠石山（又称塔石山）上，偏僻荒凉，在澳门的葡萄牙人去世后，多下葬于此。如若在坟场中见到那些着军装佩勋章的半身人像雕塑，其下则葬着身亡的葡萄牙军人。昔日，该坟场只可葬葡萄牙人，故称之为西洋坟场。后由于葡萄牙人与本地华人、印度人和马来西亚人通婚，逐渐形成了一支特殊的土生葡人种族，这一种族与后来受葡萄牙宗教信仰影响，受洗并归化了天主教的华人均可葬于该坟场。澳门商界名人何贤先生1983年逝世后即下葬于此。后来“澳城”城墙被拆毁，城市向北扩展，陆续辟路建屋，而西洋坟场位置不变，逐渐为房屋街道包围，遂位于市区中。而今看来如此布

◆ 旧西洋坟场内的圣弥额尔小堂

局当然是不符合城市建设发展规划的，但这也是始料不及的。

走进这个美丽庄重的坟场，可以看到坟场内墓冢垒垒，排列整齐，其中不少古墓建筑煞是美观，镶嵌十字架、天使、花卉、人物的浮雕塑像，精致奇巧。远远地可看见一座小小的浅绿色的教堂顶尖和十字雕塑，石壁上刻着“1875年”的字样，代表着圣弥额尔小堂的创建年份，距今已百多年了，由于时有修葺，1898年还曾大修，故能保持堂貌至今。这个教堂虽小，但建筑别致，主要作为葬礼弥撒之用，内供奉一位专司辟邪扬善的天神圣味基，于是坟场因此得名。

其实圣弥额尔小堂的空间是很小的，装修也很简单，几乎无一线条，整个小堂朴实无华，仅有白色的墙面和拱形的条板天花，就连彩色玻璃上的颜色也似乎没有别的教堂那么丰富多彩。和门外那一片布满了各种美丽雕塑的、多姿的墓地比起来，这里反而显得更加宁静、祥和。教堂大门的门扇是两侧不对称的尖拱型，和门扇上三叶草的装饰图案相呼应，独具匠心，建筑形式与普通教堂的不同，耐人寻味。

（3）交通要道

今西坟马路为中区乃至南区通向旧区的重要干道。旧区主要是指白鸽巢、新桥等地及昔日中央监狱所在的镜湖医院。这里车辆川流不息，交通压力大，曾一度被限行。

3. 二龙喉街

二龙喉街位于澳门半岛东北部，属于二龙喉地区。由士多鸟拜斯大马路（即鲁弥士主教幼稚园与二龙喉兵营之间）起，至松山隧道附近的东望洋山西北之山坡止。

（1）街名由来

有关“二龙喉街”的记载，最早见于1925年的《澳门市街道名册》，昔日其地理位置在二龙喉花园旁边，起自士多鸟拜斯大马路，终于二龙喉泉。可知该街名称当与“二龙喉花园”及“二龙喉泉”密切相关。

如今，针对“二龙喉”的得名有两种说法，其中一种公认的说

◆ 二龙喉街

法，是因二龙喉公园门前左边设有人头像的两个出水开关，在粤语中，出水开关俗称“水龙喉”，此园因这两个水龙喉而得名，附近所开辟的街道亦以此命名之。此处水源来自地下泉水，供市民饮用。

而另一种说法是，因二龙喉泉而得名。据《香山县志》云：“澳门有泉，曰大龙喉，曰二龙喉，曰小龙喉，俱在东望洋寺右。”[1]这便是历史上澳门的大龙泉、二龙泉和小龙泉三个山泉，泉水清冽甘美。大龙泉与二龙山泉位于松山，涓涓流下，汇成溪涧，在旧日龙田村山旁。1948年间，村子的山坑谷地被收购，辟作花园别墅（即今二龙喉公园）和火药库，溪涧被填埋。流向得胜花园的二龙泉虽被湮没，后人仍以大龙泉水作二龙泉水，而所在花园被称为二龙喉，后所

① 田明曜修、陈澧纂《香山县志》卷四《舆地上》，同治十二年（1873），影印版。

辟街道亦以此名命之。二龙喉、小龙喉就在现在的二龙喉公园内。二龙喉以泉水甘洌清甜而著称，极受当地居民喜爱，有不少茶楼酒家更用二龙喉泉水煮茶供茶客饮用。

无论上述哪种说法，街道名都是来自公园名，公园得名于“二龙

◆ 二龙喉公园门前的两具“水龙喉”

◆ 二龙喉公园

喉”。而这二龙喉究竟是指如今公园门前的“出水开关”，抑或是昔日的“二龙喉泉”，今已无从考证，不过“二龙喉泉”的说法应更可信。早期人们将该处命名为“二龙喉”，皆因历史上的二龙泉，后随着城市发展，该山泉被淹没，但名字却被流传了下来。如今，恰好在公园门前又有两个“水龙喉”，不了解的人会误以为这便是传说中的二龙山泉，故仍以“二龙泉”称之。

（2）二龙喉公园

二龙喉公园是澳门最大的公园之一，也是澳门唯一的动植物公园。原是一私家花园，后改建为对外开放的公园。据1957年《澳门市街道名册》载：“二龙喉花园，位于东望洋山路之西北，伸展至士多鸟拜斯大马路山洞两旁之屋后。”占地总面积约1.6万平方米。该名册又称：“二龙喉，本区内有现已枯竭之山泉一个，原以此为名，最近又将何东花园内之山水泉，改称此名。但后者，原称为大龙喉。”由此可知，公园得名于二龙喉山泉，其环境清幽，交通方便。

这里原为香山县龙田村外的一片旷野荒丘，“原是维托利诺·诺寨·德·索萨·阿尔梅达神父（即亚美打神父）的财产；1848年由澳门土生葡人工程师诺塞·托马斯·德·阿基诺设计，在公园里建造了一座小宫殿。”[1]并栽花植树，修筑为园林。后于1872—1873年卖给了澳门政府，作为早期澳门总督之官邸。有《澳门杂诗》描写如下：

酋长称兵头，游息自有园。

离离马缨花，绛花垂篱樊。

① 文德泉：《阿尔诺索伯爵笔下的澳门》，《文化杂志》1989年第7、8期，第64页。

治圃效华风，小池鹅鸭喧，

地峡景弥幽，万绿拥一门。

呜呜奏胡曲，同乐古谊存。[1]

◆ 二龙喉公园，原名何东花园（约1962年），李玉田摄影

① 章文钦：《澳门诗词笺注·民国卷上》，珠海出版社，2003，第24页。

注释为“兵头花园，在荷兰园、马蛟石之间，有小池，鸥凫之属拍浮其中”。由此可见，园中绿树成荫，百花争艳，鸟兽游走于小池中；抑或演奏名曲，给人以清幽典雅之感。又因葡萄牙人居留澳门之初，澳督是兵头兼任的，故该园又被澳门的葡萄牙人称作“兵头花园”。

1930年8月13日，由于天气酷热，弹药发生爆炸，“兵头花园”全部被毁，总督府自此迁到了现在的南湾总督府，而将公园的前半部改建为幼稚园校舍，两旁辟作儿童游乐场；后半部之南作兵营，之北作花园。花园后来被香港第一位受封为爵士的华人何东收购，由于花园的面积较小，何东爵士便把与花园毗邻的一块土地和山坡赠予政府，扩充改建为二龙喉公园，故该园又有“何东花园”之称。其后于1996年至1997年之间，扩建为现时的模样。

园中小径纵横，互相衔接，花木遍布，景色错落有致。经过修整的花园遍植各种植物，砌阶挖池，筑架设椅，畜禽养兽。园内栽种着本土及外国树种，池塘内水鸟聚集，有一个小小的动物园，还有一座二龙喉水泉，风景秀丽如画，到目前仍是澳门唯一的动植物园。另外，园内每一种植物和动物旁边都有标识牌，因而这里不仅是人们休闲的好去处，更是对游人和儿童进行自然科学知识教育的好场所。

今二龙喉街附近历史上为葡萄牙人居住区。二龙喉一带绿化较好，环境优美，大厦耸立，如今是澳门的高级住宅区。

4. 高士德大马路

高士德大马路位于澳门半岛中北部，东南端由士多鸟拜斯大马路起，西北端至罅些喇提督大马路（即提督马路）止，长795米。因被东望洋山阻隔而不能直达东海岸，为东西主要通道。昔日，该马路开辟之初，贯穿着澳门的几个小村落，东端有一部分是龙田村，西端则靠近沙岗。该马路辟成以及命名的年代，当是澳门当局向北区扩张之时，这也从侧面证实了当时葡萄牙人势力的一步步扩大。

（1）街名由来

该街建于1900—1904年间，于1905年被命名，路两旁种植了100多棵榕树。其地处两个堂区，据1993年的《澳门市街道名册》

◆ 高士德大马路之一

◆ 高士德大马路之二

载，士多鸟拜斯大马路与贾伯乐提督街中心线之间的部分属望德堂区，其余部分属花王堂区。这条马路以前的中文名字为“柯高大马路”，街道名称取自前澳门总督高士德之姓，“柯高”是当时澳门政府对“Costa”的音译。后因“柯高”二字粤语音为“疴膏”，听起来不雅，于20世纪70年代易名为高士德大马路。另有一条“柯高街”，很多人以为名字近似，其位置必在柯高马路附近，谁知却在另一区的雀仔园。柯高马路早已易名，而柯高街、柯高围名字却不改。

高士德，葡萄牙人，于1858年出生，毕业于科英布拉大学数学系，官衔是工程兵上尉。其名又译作若·科斯塔，1886年到澳门出任工务局长。他于1894 年至1897年间任澳门第96任总督；三年后，又于1900年至1904年再任澳门第98任总督。他在澳门任职期间，继续推行扩张计划，推动了澳门城市建设的发展，并陆续开拓澳门半岛北部的马路。1896年澳门当局在大小横琴岛设立兵房，公开向清廷外务部发布照会，以疏浚河道为借口，要求将大小横琴岛划入澳门属地，遭到清廷拒绝。1900—1904年兴建成今高士德大马路；1901年修筑成二龙喉马路，连接嘉路米耶圆形地的高士德大马路；并开辟一条越过望厦的马路。1901年于主教山上设立澳门天文气象台。1902年8月，澳门第一家银行葡萄牙大西洋银行在澳门开设了分行。曾于1902年准备修建广澳铁路，后因经济原因作罢。1903年澳门开始使用电灯。这一系列成果，都是高士德在任职期间完成的，人们为了纪念他，以他的名字命名澳门一条马路为高士德大马路（原名柯高马路）。

（2）位置变化

据1905年的《澳门市街道名册》记载，该街位置在二龙喉马路与连胜马路之间。而至1925年该街起自士多鸟拜斯大马路，二龙喉花园、二龙喉公馆之前，终于罅些喇提督大马路，街道西端被拉长一小段，这时该街位置已与今位置相一致。

（3）红街市

走到高士德大马路的西北端，会看见一红色建筑物，门牌上写着“红街市”。红街市其实位于罅些喇提督大马路与高士德大马路的交界处，因面对罅些喇提督大马路，被命名提督街市，又因建筑物为红色，故称红街市。由土生葡人建于1936年，红街市建筑属装饰艺术的风格，乃钟楼式设计，占地甚广，楼分三层。据说这里是最有本土气

◆ 红街市

◆ 鸟瞰红街市可见塔楼十字形底座（1980年）

息的街市，是了解澳门人生活的好地方，也是澳门人最引以为豪的市场，但这里的菜价比较贵。[1]说白了，这里就是一个菜市场而已。

（4）环境变迁

高士德大马路是澳门一条美丽的马路，宽阔笔直，路中央辟设花圃，植有绿树，颇为幽雅。尤其是在建成的初期，两旁大都是门前有

① 《走街串巷，感受大三巴牌坊、郑家大屋、红街市……的独特风情澳门印象》，《南国早报》2010年9月23日（作者不详）。

个小庭院的两层近于别墅式的楼房，中间是一列榕树，清幽静寂。这一列逾百年的老榕树，盘根错节，躯干粗豪，苍翠碧绿，连成一线，仿如绿带，随风摇曳，增添韵致；后因缺乏护养，又受病菌侵害，长势转弱，逐渐枯萎。1990年，由于松山隧道的落成，此处交通更加繁忙，政府不得不在其东南端建一行车天桥，直通松山隧道口，因而砍伐了原本种植在街心的榕树。现虽已植上新苗，但榕荫美景不再，令人惋惜。

街道附近为较大的工商业和居住混集区。20世纪以前，该处还是一片农田，直到20世纪才开辟为马路，建造房屋，但仍较偏僻。早期以两层高住宅为主，20世纪60年代以来，该马路沿途发展迅速，逐渐形成今日商住混合的景观。东段北侧耸立着高楼大厦，是澳门较高级的住宅区；西段南侧则是中低档商品集中地之一。这条原本很清静的马路已变为繁嚣又嘈吵的市区。

如今的高士德大马路，是一条名副其实的购物街。其中有几家出售时装、鞋、电子产品等的精品店。在该街两旁的小街上可以买到廉价的商品。

（5）培正中学

超过100年历史的培正中学就坐落在该马路上。澳门培正中学原为广州培正中学在澳门的分校。1889年，培正中学创办于广州，是中国第一所由华人基督徒开办的新型学校。1938年，因为抗日战争的关系，广州培正中学全体师生迁校至澳门，使得培正中学不至因为战乱而停办，此乃澳门培正学校创办之始。秉着“至善至正”的目标办学，抗日战争后澳门培正设办小学，于1947年重办初中，1953年开办高中，于是澳门培正成为一所完整的非牟利的私立中学。1950年，澳

◆ 培正中学

门培正正式改名为“澳门培正中学”。1952年获何贤先生赞助，购入当时著名商人卢廉若的花园（即现在的卢廉若公园）之北半部作为永久校址，并兴建校舍课室，澳门培正中学从而经营至今。如今，该校环境优美，空气清新。校园内花圃、喷水池、凤凰木、桄榔树点缀其间，倍添秀色。

5. 马忌士街

马忌士街位于澳门半岛中部，属于望德堂区，起自疯堂斜巷，至西洋坟场前西坟马路止。

◆ 马忌士街

（1）街道命名时间考

通常马忌士街是一条容易被人误解的街道，因为现在的义字街就曾被命名为马忌士街。查阅相关史料发现，有关马忌士街的记载，最早出现在1915年的《澳门宪报》中，不了解马忌士街历史的人，很容易将1915年《澳门宪报》中记载的街道误认为是今天的马忌士街。据1993年的《澳门市街道名册》记载，义字街被罗白沙街9号分为两段，其中道咩卑利士街至罗白沙街一段曾取名为马忌士街。但此街非彼街，今马忌士街曾被命名为病人院街，而非上述的义字街。只因街道名字相同，所以容易被人误解。据1933年1月7日的《澳门宪报》载，“澳门议事公局，为布告事照得本局于本月二十八日常务会议议决，将病人院街街名改为马忌士街，原有马忌士街改义字街，合行通告除将本布告译出华文刊行宪报外，并粘在常贴告示之处，希各照此布。一九三二年十二月三十一日，局长殷理基”，由此可知，今马忌士街真正得以命名的年份是1932年。

（2）街名由来

该街得名于葡萄牙人意度亚马忌士，他出生于1867年，卒于1944年，是一名军人，曾任澳门第102任总督，1909年9月22日到任，1910年12月卸任。

马忌士的名字又被译作马葵士、马科斯。在澳门任职期间，马忌士在青洲筑炮台, 在大小横琴岛抽收地税，并曾指挥军队击败路环的土匪。至今在路环马忌士前地（教堂前地）可见一块纪念碑，碑上刻有“攻战于路环，7月13日，1910年”字样，其实这是为了纪念他们于1910年7月的一场战役中击败土匪的事件。但这一“路环绑匪案”，最后演变为惨案。1910年，在广东新宁、开平等县，一批天主教徒及十多名新宁县的小学生被绑匪困于路环岛。澳门当局借口剿匪除盗，擅自用兵进攻，派军舰猛烈炮轰路环各村，并纵火焚毁九澳全乡，甚至击沉避难村民乘坐的渔船，虽然捕获一批海盗，却使大批无辜村民惨遭杀害，华人死伤颇多，造成路环血案，以至于引起广州、香山、香港等地华人集会声讨澳门当局制造血案，要求收回澳门。澳门当局曾答应赔偿死者，后因葡萄牙发生革命，赔偿一事草草了之。

（3）清安医所

在澳门，清安医所是隶属于澳门天主教会的非牟利医疗机构，原址在今马忌士街上。清嘉庆十年（1805）由望德堂进教围华人天主教教友创办。初时只是一间教友捐出的古老木屋，设备简陋，收费低廉。目的在于收容老而无靠、幼而无依的贫病同胞。

1858年余安道神父在圣若瑟修院发起募捐，并由区美德神父为财务员进行筹款，先得澳门币311元，后又继续筹款，遂于马忌士街

◆ 清安医所

（当时称闸北）建立一座医所，即为后来的清安医所。[1]1895年因该医所遭飓风毁坏，望德堂司铎谢扳云筹款，又申请到该堂右侧地段（即现址）重建，建成后，更名为“清安医所”，并设值理会管理。第二次世界大战爆发后，澳门人口剧增，值理会遂把服务对象转为全澳居民，不分宗教信仰。后因病人日渐增多，值理会在1957年议决将旧院重修及改建。1959年扩建竣工，设备较为完善。主要服务对象为社会中低层的老年病人，酌情收取费用。

① 林家骏：《澳门教区历史掌故文摘》第一册，澳门天主教教务行政处编制，1980年内部发行。

6. 疯堂斜巷

疯堂斜巷位于澳门半岛中部的斜坡路，靠近望德圣母堂，即所谓的疯堂。具体位置由和隆街（即若翰亚美打街）对面起，至镜湖马路与新胜街之交叉点附近止，且在靠近美珊枝街处有一段石级。其附近街区是纯粹葡式风格的建筑，宁馨安闲。

◆ 疯堂斜巷

（1）街道建置

地理位置的变化

疯堂斜巷开辟于20世纪初，1904年的《澳门宪报》刊登了一部分新命名的街道，其中便有疯堂斜巷的记载：“一条垂直于肥利喇亚美打大马路的街道，从疯堂旁通过，起自和隆街，止于圣美基街与病人

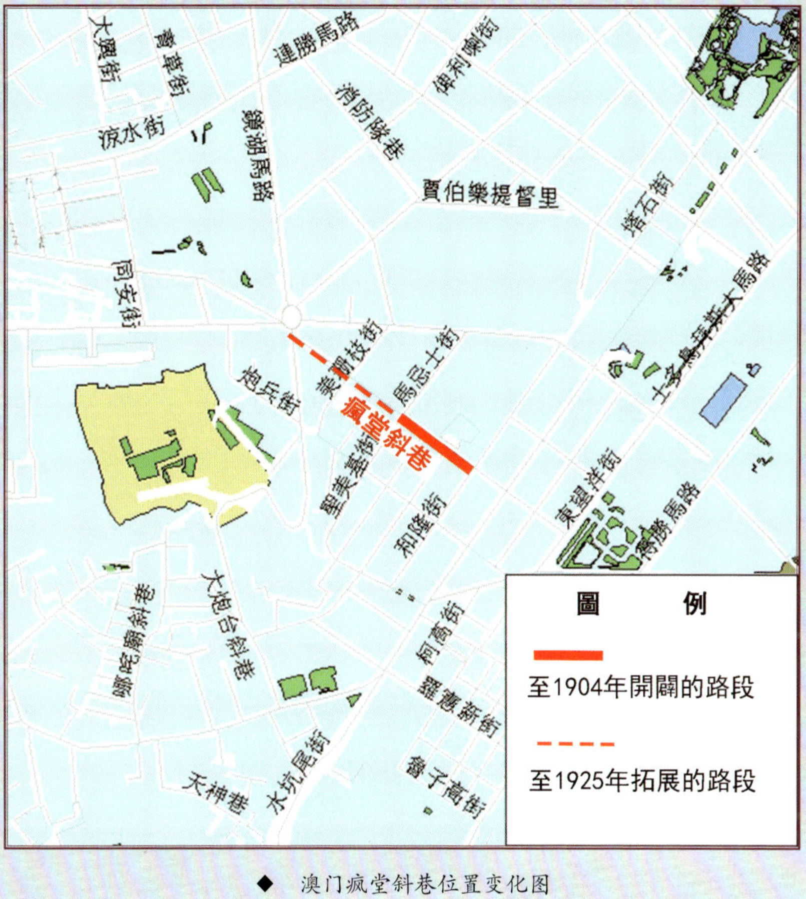

◆ 澳门疯堂斜巷位置变化图

院街（今马忌士街）的交叉处。”由此可知，该街初建之时，街道的位置仅仅到圣美基街，长度不及现在。直到1925年，该街才拓展到镜湖马路，与今位置相符。如澳门疯堂斜巷位置变化图所示。

名字由来

其街名来自位于该巷上的望德堂。“疯堂”是望德堂的俗称。1569年，澳门天主教首任主教贾尼劳不忍当地麻风病人流离失所，建起一座麻风病院，这是亚洲历史上第一所传染病医院，简称“疯堂”。由于麻风病院是封闭管理的，为了让病人有心灵寄托，后在病院旁建了一间小教堂，取名“望德堂”，供麻风病人做祈祷。当地人对麻风病患者避之不及，把望德堂叫做“发疯寺”“疯堂庙”等，人们习惯性地称这座小教堂为“疯堂”，久而久之，“疯堂”便特指该教堂了。望德堂前的斜坡路就有了“疯堂斜巷”的称呼。

（2）疯堂（望德圣母堂）

望德堂又称圣拉匝禄，供奉“圣母希望之神”，华人则称之为“望人寺”，后又称为“发疯寺”，是一座位于澳门疯堂斜巷的天主教教堂。望德堂是澳门华人最早的一座教堂，在澳门天主教人士中享有崇高的地位。

创建年代

该教堂具体创建于哪一年，学术界的说法不一，共有五种时间界定。第一，蒙塔纳神父称：“葡萄牙人在澳门定居和望德圣母堂建立

◆ 望德圣母堂（钱纳利绘于1832年）

的时间都是1557年。”[①]第二，文德泉神父与王文达先生都认为该教堂创建于1569年间（明朝隆庆三年），是澳门天主教之首任主教贾尼劳所设立。[②]第三，林家骏神父和潘日明神父认为该教堂建于1568年。[③]第四，杰瑟斯·马里奥神父称："从1558年至1560年间，曾有数名耶稣会神父居住（澳门），商谈筹建三座小教堂，即望德堂、老愣佐堂及圣安东尼奥堂。"[④]第五，今汤开建先生根据葡萄牙人入住澳门的时间及

① 吴志良、汤开建、金国平：《澳门编年史》（第一卷），广东人民出版社，2009，第116页。

② 文德泉：《耶稣会士于澳门开教四百周年》，徐牧民译，澳门泰华图书公司，1964，第11页；王文达：《澳门掌故》，澳门教育出版社，1999，第107页。

③ 林家骏：《澳门教区历史掌故文摘》第一册，澳门天主教教务行政处编制，1980年内部发行。

④ 郭永亮：《澳门香港之早期关系》，台北中央研究院近代史研究所，1990，第67页。

◆ 望德圣母堂

其在澳门的宗教生活推测，这三座教堂应设立于1558年至1560年间。[①]结合上述学者论证的结果，借鉴冈萨雷斯神父于1570年西班牙手抄本的内容：葡萄牙人进入澳门不到十二年，就在那里建起一个非常大的居留地，内有三座教堂。[②]而葡萄牙人入居澳门的时间为1557年，下推12年，可想而知，疯堂创建于1569年之前。

创建之初的教堂为木质结构的草棚，比较简陋。直至17世纪始改为砖石结构。而石质结构的疯堂建于1637年。现在望德堂前有一个石十字架，架下石碑刻着拉丁文字“望德十字架，一六三七年立”，可作为此教堂历史的佐证。

---

① 汤开建：《澳门开埠初期史研究》，中华书局，1999，第230—231页。

② 博克塞：《佛郎机之东来》，钱江译，载《中外关系史译丛》第四辑，上海译文出版社，1988，第292页。

◆ 改建前的望德圣母堂（约1874年）

疯堂历史变迁

在不同时期，疯堂指代的建筑是不一样的，最早是指圣拉匝禄麻风病院，后才指今天的望德圣母教堂。据《澳门纪略》下卷《澳蕃篇》载：“稍东又有望人庙……东南城外有发疯寺。”[①]又见《香山县志》云：“大庙在澳东南即望人寺……东南城外别为麻疯寺。”[②]可知，“望人寺”及“麻疯寺”是两个不同的建筑，后来才逐渐通称一座建筑。早期，“望人寺”指代今望德圣母堂，而“麻疯寺”指当时的麻风病院。

1576年，罗马教皇宣布将澳门升格为天主教主教区，望德堂成

---

① 印光任、张汝霖：《澳门纪略》，赵春晨点校，广东高等教育出版社，1988，第63页。

② 田明曜修、陈澧纂《香山县志》卷二十二《纪事》，同治十二年（1873），影印版。

◆ 1886年改建后的望德圣母堂（约1900年），图中右上的望德堂屹立在平房中

为当时的主教座堂；但后来另建主教座堂于大庙顶，望德堂便成为仁慈堂产业发疯院的附堂，名字为“圣拉匝禄堂”，供麻风病人祈祷用。贾尼劳主教以拉匝禄圣人为麻风病患者的主保，故教堂名“圣拉匝禄”。

随着时代的发展，1818年，该教堂附近已聚居不少华人教徒，为避免与麻风病人混杂，另建一小教堂，供教友祈祷。1882年麻风院迁往小横琴岛；而至1886年，圣拉匝禄堂重建成今之望德堂；1909年该处曾大加修葺。不过在1895年之后，有关当局在该区开辟住宅区，重新划分街道；并以居民卫生起见，于1947年将麻风病人迁往路环九澳附近之芒洲，有关建筑也被拆毁改建。自后，该区遂无麻风病人存在，只留下“疯堂”之名，沿用至今。现在望德堂已成为澳门圣堂之一。

（3）街道景观

有人说疯堂斜巷是澳门最美的地方，是因为这一带南欧特色的小楼建筑物、欧式路灯鳞次栉比，以及有许多澳门随处可见的葡式石子。经典的葡式石子小路，红白、黄白相间的别墅群，充满葡国风韵、异国情调，展示了疯堂斜巷独特的魅力。短短的百来米小巷，两侧依次分列着澳门演艺学院音乐学校、青少年活动中心、圣若瑟教区中学、仁慈堂婆仔屋、疯堂十号创意园等建筑。斜巷的独特美景吸引了大量的旅游爱好者以及艺术爱好者。

◆ 坐落于疯堂斜巷的婆仔屋

7. 圣味基街

圣味基街又称圣美基街，位于澳门半岛圣美基坟场（旧西坟马路）附近，属望德堂区；由水井斜巷起，在圣禄杞街和景观里之间，至疯堂斜巷止，面对马忌士街。于19世纪后半叶开始筹建，20世纪初建成。

◆ 从圣美基街可望到马忌士街

◆ 圣美基街

圣美基街，因在圣美基坟场附近而得名。而该街得以创建，是因为历史上一次鼠疫。19世纪后期，望德堂区发生了很严重的鼠疫（黑死症），死人无数。后澳门政府为了清理该区，清拆了区内的木屋，建造成平房住宅，并分筑街道，划为圣美基街、马忌士街、圣禄杞街、疯堂新街等。而重建成的住宅仍给该区教徒居住，于是附近的街道名字都与宗教相关，圣美基街便是用天主教圣人的名字命名的。直到1941年日本发动太平洋战争，战火蔓延，该街上有些教徒和居民纷纷外迁。

不过该街正式命名却是在1904年，据《澳门宪报》载，一条与肥利喇亚美打大马路平行的街道，沿着同一个方向来拓展这条望德的新街，即圣美基街。

而在1905年的《澳门市街道名册》中又明确记载了当时该街的地理位置，即从水井斜巷到疯堂斜巷，与今天的位置相同。该街从创建之初至今，其位置并没有太大的变化。

◆ 圣母堂前地

8. 圣母堂前地

圣母堂前地位于澳门市区东部，在疯堂斜巷附近，即望德堂对面。该前地早在1869年便已经命名了，分高、低两段，其中有石级与门楼各一座相连，高者与圣母堂地级齐，低者与疯堂斜巷齐。

（1）街道的命名

此街道是澳门城市初建时期的宗教活动中心以及市东区的居民聚居中心，坐落着望德堂，因内奉圣母，故此又称圣拉匝禄堂、望德圣母堂，简称圣母堂，该堂对面的街道亦命名为“圣母堂前地”。如今澳门市的望德堂区，即是以望德堂为区域中心，并以该教堂的名字命名的。

望德圣母堂是在此区域兴建的第一所教堂，同时在旧城墙之外亦兴建了一所麻风院，这所麻风院于1818年另建“望德堂”，与麻风病人分开，1882年迁往离岛，1947年再迁往路环。

1996年新建望德大堂，即今之教堂。与花王堂、风顺堂同为“澳门三大古天主教堂”。教堂前地的入口处，更耸立一座教堂创建时的石十字架，佐证了其悠久的历史。该堂的建筑特色是典型的南欧风格，今成为澳门拍摄婚纱照的热门地点之一。

（2）进教围

昔日圣母堂前地对面的望德堂设立于澳城之外，因大大方便城外及内地华人进教及参拜，故而一度被称为“进教寺”，而以望德堂为中心的周围一带过去就被称为“进教围”。今进教围的范围西起大炮台斜巷，东迄荷兰园正街。而“进教”具有两层含义，一是引带天主教教友来澳门的教堂受洗入教，登录入册，赋予教名，正式“进入教会”成为天主教徒；二是四面八方的天主教徒、教友，来澳门的教堂参加耶诞节的大弥撒，过斋戒灵修月，自觉忏悔和灵修，以增信仰信念，此举就像中国民间的“进香”活动一样，所以又称“进教”。

“围”本指同姓同宗亲的村落，围内的人都是同一族的，守望相助，关系密切。虽然随着城市发展，这些村落被开发扩建，但村名得以留下来，而“围”在今澳门是巷弄街名的通名。不过万事总有特殊的存在，进教围便是一特例，该围并不是澳门一条街道的名称，而是澳门独具特色的宗教性社区。这一社区大约是在19世纪中叶逐渐形成的。据《澳门进教围》一文说，1815年，中国内地的教友因宗教关系来澳门避难，在望德堂附近荒地搭木屋而居，仿如村落，“进教围”便从此时开始。到了1854年，望德堂已有华人专职负责传教事务。而在1871年，望德堂传教区成立，该堂也被时人称为“进教堂”。[1]该堂周边一带居住的大部分是已经入教的教友，故这一带便被赋予“进教围”的称呼。而在19世纪末，该区辟路建屋，但仍多为天主教教友聚居。

到了1940年，进教围的传教事业开始衰落，围内的教友家庭逐渐迁离，慢慢被一些非教徒取而代之。尤其是在第二次世界大战时，日本攻占香港，一度造成澳门各界恐慌，部分教徒甚至离开了澳门。1966年“一二·三事件”后，围内仅余的教友纷纷外移。时过境迁，20世纪70年代围内不少旧房被发展商收购，重建为现在的高楼大厦，自此“进教围”的称号成为历史名词，渐渐不为人所知。

① 刘炎新、梁洁芬：《澳门进教围》，《文化杂志》1994年第21期，第239页。

9. 镜湖马路

以医院名来命名的街道向来很少，镜湖马路便是其中之一。镜湖马路位于澳门半岛的中部，南端接炮兵马路，能通往澳门名胜大炮台，北端至提督马路，即罅些喇提督大马路。

（1）街道建置

镜湖马路的中文名因镜湖医院而得名；又因这里昔日是澳城外的一个乱葬岗，葡文名便以“Repouso”命名，有“安息”“长

眠”之意。命名时间是1905年。初辟路时，消防局建筑物尚未兴建，仍为丛葬之地，颇为僻静。后这一带获发展，兴建房舍，路旁树木成行，亭亭如伞，环境清幽。

其实镜湖医院所处之地，原在旧城“三巴门”外沙岗，墓冢垒垒，甚为荒凉，至清末镜湖医院建成后，才陆续辟街建屋，镜湖医院右侧便为镜湖马路。在1889年的澳门地图[1]上，可发现镜湖马路已被开辟，只是尚未命名。医院建好之后，很长的一段时期，医院附近一带仍是坟地，澳门居民有身故者多葬于此。镜湖医院侧建有长亭，为送殡者拜祭之用。也正因如此，迷信的人便会传出一些神乎其神的说法，镜湖马路一度被称为“阴阳路”，即丛葬之所。在沙岗未迁坟建屋时，夜间较少人敢行经此路。后随着社会发展，科学进步，人们认识能力提高，不再相信那些无稽之谈，逐渐淡忘了“阴阳路”之名。

至1905年，沙岗坟地被迁移，马路便被开辟出来。有关镜湖马路的记载，最早见于1905年的《澳门市街道名册》，起初其地理位置起自新胜街，止于连胜街。再结合1912年的澳门地图，可发现该马路的位置尚未进一步开辟。直至1925年该路才得以延长，具体起自炮兵马路、美珊枝街终点附近，终于罅些喇提督大马路。自此以后，该马路位置没有大的变化。但是其街道分属的堂区却有不同。据1925年《澳门市街道名册》载，从炮兵马路至新胜街的一部分，属于大堂区；其余部分，自新胜街至罅些喇提督大马路，属于花王堂区。据1993年的《澳门市街道名册》载，该马路的行政区域划分略有变动，将“该路双号门牌一侧起点至

① 美国国会图书馆地理地图部有关澳门研究的地图资源：http://memory.loc.gov/ammem/gmdhtml/macau/macau.html。

◆ 镜湖马路

贾伯乐提督街的双号属望德堂区，单号一侧和其他双号属花王堂区”。而新胜街和贾伯乐提督街的交叉点便在镜湖马路上，由此可知，原镜湖马路从炮兵马路至新胜街（如今是至贾伯乐提督街）的这一段，是属于大堂区的，后由于历史与政治因素，该段的双牌号一侧划分于望德堂区，单牌号一侧划分给花王堂区。

（2）镜湖医院

镜湖医院是澳门现存的三家医院之一，澳门地区非官立医疗卫生机构，是澳门规模最大的私立医院。原是其管理机构创业初期沿用的名称，随着慈善事业的发展，于1942年向澳门政府注册时定名为“镜湖医院慈善会”，而镜湖医院则成为镜湖医院慈善会的下设机构之一。

◆　镜湖医院

1870年6月21日，澳门公物会大宪批准在三巴门外建一所华人医院[①]，即镜湖医院。而镜湖医院是澳门最早成立的华人民间慈善团体。据清同治年间绘制的《镜湖医院全图》，以及汤开建先生的考证[②]可知，该医院创建于1871年，于第二年的6月正式落成启用。初建的医院为一座完全传统式的中国建筑，主体建筑为一连三幢的

① 《倡建镜湖医院碑记》，原碑现存于澳门镜湖医院内。

② 汤开建、马根伟：《清末澳门镜湖医院的建立和发展》，《澳门研究》2005年第31期。

◆ 同治十年（1871）所建镜湖医院之正门

大平房，按前中后排列，各分正座和左右两边偏厅，共有大屋9间，另外还有医房三座60间，分别称为“福寿”“康宁”和“平安”医房。后因院址不敷应用，这些古老的中式房屋陆续被拆建，早期建筑被淹没。

镜湖医院自创办以来的20年内全是中医院，直至1892年孙中山先生在香港西医书院毕业后到该医院任义务医生，开创了镜湖西医先河，在悬壶济世的同时宣扬革命。而镜湖医院除了服务于澳门外，也关心中国内地的情况，在1893年11月27日，由于澳门镜湖医院绅董何仲殷（又称何穗田、何连旺、何廷光）等对内地捐款赈灾有功，光绪帝下旨令澳门建坊予以表彰。[1]今在澳门镜湖医院内仍可见当年的

① 《清德宗光绪实录》卷三三零，光绪十九年（1893）十一月乙巳，中华书局，1987年影印本。

"奉旨建坊"匾。

到了1918年，镜湖医院留医大楼开始筹建，于1919年竣工，该大楼为仿西欧建筑，极有欧洲风味，也是镜湖医院第一座西医留医大楼。[1]1935年，柯麟医生担任镜湖医院义务西医及镜湖护士学校义务教师，并致力于镜湖医务治疗。他在就任期内，把镜湖医院从简陋的留医所逐渐建为初具规模、科室齐全的综合性医院，立下了丰功伟绩。

目前镜湖医院已逐步成为现代化的综合医院，集医疗、预防、教学和科研于一体。

（3）孙中山与镜湖医院

澳门人称澳门是孙中山先生的第二故乡，这不仅仅是因为澳门过去就隶属香山，更由于澳门与孙中山有太多的牵连，这里贮存了他太多的革命业绩和情感。澳门不但成就了孙中山作为一个伟大革命先驱的伟大事业，还养育和呵护了孙中山的子女和亲友。

镜湖医院原只提供中医服务，直至1892年孙中山先生以"最优异"的成绩毕业于香港雅丽士西医书院后到镜湖医院行医，并向澳门镜湖医院值理们推荐西医，镜湖医院才一破旧例，兼用西医、西药，所以他成为该院第一位西医，也是澳门第一位华人西医。其实昔日他在香港学医时，曾应澳门绅士曹子基、何穗田之邀，治愈了他们久病的家人，故与澳门绅商稔熟，其医术在澳门已有一定声望。他入

---

① 《澳门政府捐款镜湖医院铜碑》及《有成大公司捐款铜碑》，转引自吴润生主编《澳门镜湖医院慈善会会史：1871—2001》，澳门镜湖医院慈善会，2001，第19页。

镜湖后，“自筹经费，开创西医局，益人甚多。初时每日街症百余人，后由于经费不多，则限赠五十人之药，又遇有大症，则收入院内医治。”[1]然该院医生值理均颇为妒忌孙中山的医术，西医局只好停办，1893年9月以后西医局迁往广州。1986年，一尊由澳门民间捐款铸造的孙中山先生铜像被竖立在医院正门前，以表纪念。

◆ 矗立在镜湖医院门前的孙中山雕像

① 孙中山：《照译西论》，《镜海丛报》1893年12月9日。

（4）街道沿路风景

镜湖马路与连胜马路交界处，是1923年创建的消防局大厦，它是一座具有南欧风格的建筑物，今已变成澳门首间消防博物馆。镜湖马路中段和南段主要是住宅区，比较宁静；南段原有一座俗称“市牢”的监狱，近些年已迁走，原址改建为大厦。北段商店林立，是商业区，较为热闹。现在很多老人喜欢消闲的永乐戏院就在北段，旁边是新桥花园，戏院对面是劳工子弟学校小学部。南端经炮兵马路可到澳门著名观光点大炮台，澳门博物馆就建在大炮台原址。

◆ 约1925年的消防局

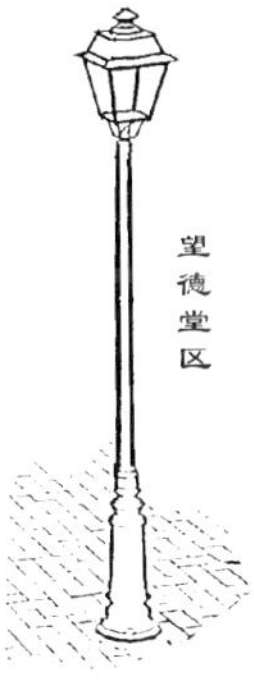

10. 得胜马路

得胜马路位于澳门半岛松山南麓，历史悠久，由东望洋斜巷起，至二龙喉街止。

◆ 得胜马路

（1）街道建置

得胜马路于1905年命名，因路旁的得胜花园而得名。从1925年至今，该街道地理位置便没有发生大的变化。但是在1905年的《澳门市街道名册》上却有这样的记载：从二龙喉马路（今士多鸟拜斯大马路）到“嫉妒之泉”，即“二龙喉喷泉”，今位于二龙喉花园。根据上述资料可知，得胜马路创建之初，是一条东西走向的街道。但是如今的得胜马路却是一条南北走向的街道，古今街道位置差别很大。按照1905年的《澳门市街道名册》的说法，昔日的得胜马路与如今的二龙喉街位置一致，但这一说法根本就不可信。因为在1957年及1993年的《澳门市街道名册》并未见到“二龙喉街”曾被称作“得胜马路”；且从现今的澳门地图上可观察到，二龙喉马路与今天的得胜马路本该是平行的，二龙喉街在二者之间。故而笔者非常怀疑1905年的《澳门市街道名册》对得胜马路的描述，很可能是市政厅在统计街道时，不慎将“东望洋斜巷”写成了“二龙喉马路”。当然以上这一结论也仅仅是笔者自己的猜测而已，得胜马路曾经是否为东西走向，今已不可考。

（2）得胜花园

得胜马路得名于得胜花园，花园的名字来自澳门历史上一次非常著名的“葡荷之战”。以“得胜”命名花园和街道的名字就是为了纪

◆ 得胜花园（约1910年）

◆ 得胜花园

念1622年在澳门的葡萄牙人在该处击退荷兰人的事迹。葡萄牙人为了炫耀胜利，把关押荷兰俘虏的地方称作“荷兰园”，把与荷兰人作战的地方称作“得胜马路”，旁边的一座花园也成了“得胜花园”。[①]

该花园建于19世纪末叶，位于士多鸟拜斯大马路与得胜马路之间，坐落于昔日的“花士古打监麻新路”地段。关于该花园的创建年份，《澳门编年史》有以下记载，澳门土生葡人富商劳伦索·马葵士“1865年被选为议事公局副主席，1871年任主席。同时还担任华务司理事官。任议事公局主席时，命令建立纪念抵抗荷兰进攻获胜的得胜

① 陈多等：《澳门纵横》，新华出版社，1999，第178页。

花园。”[1]由此可知，得胜花园于1871年创建。

该园早期被称为“懊悔者之园”，不久又先后改称“胜利之园”及“得胜前地”，又因曾与华士古达加玛连成一片，故俗称“新花园”。其实得胜花园是将“得胜前地”重新修建而成。

得胜花园不失为一个旅游的好去处，花园面积比较小，约2000平方米。园内设有小型儿童游玩设施，并备有长椅多张，供游人歇息闲坐；园中遍布花草，并植有法国松树，雅致整齐，可供观赏。澳门一些老居民可能会记得得胜花园曾有过一座阔大的喷水池。这座喷水池造型独特，水池中央用石柱支起一支直径近3米的石碟子，满溢的水自碟边如帘泻落，淙淙有声。后来公园改建，喷水池也就被拆掉，变成了今日所见的纪念碑。在喧嚣的市区中，得胜花园不失为一处供人呼吸清新空气的好地方。

（3）得胜纪念碑

1871年，为纪念葡萄牙人在“葡荷之战”中获胜，澳门市政厅在当年龙田、龙环村的地段立碑纪念。如今这块八角形柱状的“战胜荷兰纪念碑”就坐落于得胜马路旁的得胜花园。该石碑在花园中的位置，昔日是一山坑；据王文达在《澳门掌故》中的说法，“一直来至一处山坑，乃大龙泉及二龙泉汇流之处，闻常村人多在此浣衣者，荷军之炮军被阻，致未易再前进。此处，即今之得胜花园纪念碑所立之地址也。”[2]因该处山坑为大龙泉与二龙泉的交汇处，故后来在这里开辟一喷水池，直到得胜花园改建，才将其拆掉，竖立

---

① 吴志良、汤开建、金国平：《澳门编年史》（第四卷），广东人民出版社，2009，第2109页。

② 王文达：《澳门掌故》，澳门教育出版社，1999，第260页。

◆ 得胜纪念碑

起今日的纪念碑。

“1862年6月25日，应管理华人事务官劳伦索·马葵士的倡议，议事公局召开会议讨论得胜花园纪念碑设计方案以纪念1622年反荷兰入侵胜利。”[①]该纪念碑便是“战胜荷兰纪念碑”，于1864年在里斯本建成。后在1870年，苏沙总督主持了得胜纪念碑的奠基仪式，该处亦由

① 施白蒂：《澳门编年史·19世纪》，姚京明译，澳门基金会，1998，第148页。

此称为得胜广场，当年荷兰人是在此处退却的，后人称其为“后悔者之地”。1871年3月26日，苏沙总督在得胜广场主持得胜纪念碑落成仪式，并将得胜纪念碑竖立在得胜花园内。

该碑以花岗岩制成，四周有铁栏杆保护，顶端有一个盾形的葡萄牙王室徽章，徽章下方是一个基督十字架，十字架周围刻写着“以天主圣名之城的名义”。纪念碑的正面则记载着葡萄牙人战胜荷兰人的历史。得胜纪念碑建成于1864年，却是在1871年才由澳门总督亲自竖立在得胜花园中。

如今，该纪念碑成为得胜花园中一处亮丽的景点，也吸引了很多游客去一探这一碑石的“庐山真面目”。

11. 塔石街

塔石街位于澳门半岛中部，是一条小巷，由西坟马路起，至罗利老马路即肥利喇亚美打大马路与厚望街之间止。昔日塔石是望德堂一带与望厦村之间的小区域，19世纪时，该区域至多只包括五条小巷。

（1）街道建置

塔石街命名于1904年，据当时的《澳门宪报》记载，“一条与肥利喇亚美打大马路平行的街道，在圣美基坟场旁边，从西坟马路到罗利老马路，即塔石街”。由此可知，迄今为止，该街的地理位置一直没变。

◆ 塔石街

澳门许多街道的葡语名称跟汉语名称大相径庭，但塔石街是例外，它的葡语名称是汉语的音译。看到该街的名字，不难想到，该街应该与“塔石”有着千丝万缕的关系，那么我们就要说一说“塔石”。

如今看来“塔石”有两种含义，一是指澳门的古地名，特指一个区域，即塔石村；二是指山的名字，也就是所谓的塔石山。该街是在澳门当局占领塔石村后开辟而来的，故而街名得自村名。而塔石村在塔石山山岗下，村因山而得名。那么山为什么被命名为“塔石”呢？其实“塔石”，又称“叠石”，原指塔石山上的石头，因该处多花岗岩石，山石嶙峋，山顶上有三座巨石，堆叠如塔，天然生成，故人称之为“三叠石”或“叠石”，俗称“塔石”。如此，山名、村名及街名皆由此而来。

“塔石”在20世纪初以前为附近龙田、龙环、望厦各村的坟地。20世纪初澳门当局强行挖去坟墓，铲平山岗，修筑马路，兴建楼房。其后，塔石山便不复存在，“颈头山”之名也渐被遗忘，今“塔石”的标志也消失了。不过，现仍有“塔石街”“塔石球场”之名，还算有迹可循。时过境迁，随着社会发展、环境变化，如今塔石街附近商业也逐渐兴旺。

（2）塔石山、颈头山、圣美基山

“塔石”显然因如塔的巨石闻名，但塔石已经踪迹杳然。原来该区有一座小山岗，在现今阿丰素阿布基街员警福利会附近，山势向四周延伸，范围包括荷兰园马路、罗利老马路、贾伯乐提督街及西坟马路，山石嶙峋，杂草丛生，坟冢处处，景象荒凉。“塔石”因山巅有三块天然巨石而得名，其实它旧称“颈头山”。

塔石山原来在澳门旧城之外，乃附近村庄的坟地。光绪末年，澳门政府欲开辟此山，于是将山上的中国坟墓尽数掘去。据相关史料载，“光绪三十一年，葡人平毁塔石等处坟墓，投无主遗骸于海云。”[1]于是乎，三叠石被炸毁，坑渠被填塞，整座塔石山被铲平，只剩下圣美基坟场附近一带高地而已。后又在此处辟街建屋，该山原来面貌不复存在。据1957年的《澳门市街道名册》称：“颈头山（塔石山），此岗现几已削平，内有圣美基坟场（旧西洋坟场），原址伸展至监狱附近。该山因建筑屋宇之故，几被削平，实既不存，名亦遗忘。”由此知，该山今已不存在，连名字也渐渐被人们遗忘了。

塔石山被削平之后，该处又逐渐被称作“圣美基山”，参见1993年的《澳门市街道名册》可知，“圣美基山（旧颈头山），现几乎已消失的这一山岗是圣美基坟场所在地，曾伸展至不久前的政府监狱旧址地段。随着都市化及山岗的平整工程，旧名已不再用。”如此可推测，高地只余圣美基坟场附近一带，久而久之，高地被人们称作“圣美基山”，旧名“塔石山”逐渐被人们遗忘。

（3）街道周边景色

从塔石街的起点即西坟马路可以看见一系列古典优雅的历史建筑，后经修葺，这些建筑物便成为现在的澳门历史档案馆和澳门中央图书馆。而西坟马路垂直地与塔石街相连，街名中的西坟是西洋坟场，从塔石街一角可以看到它起伏的围墙。西洋坟场是澳门最有特色的地方之一，很多著名的历史人物都安葬在那里。

① 中国第一历史档案馆、澳门基金会、暨南大学古籍研究所合编《明清时期澳门问题档案文献汇编》第6卷，人民出版社，1999，第273页。

12. 文第士街

文第士街属望德堂区，位于原龙田村内。历史上，该街位置多次变化。今文第士街由士多鸟拜斯大马路起，即飞良韶街附近，至美副将大马路止，对面为鲍思高街。

◆ 文第士街

（1）街道开辟年代

文第士街是为了纪念文第士而命名的。文第士是著名的汉学家，也是律师兼艺术收藏家。该街原名为龙田村街，20世纪30年代，文第士逝世，澳门政府将龙田村街改为文第士街。文第士街的正式命名当在1933年，详细可参见1933年2月4日的《澳门宪报》："澳门议事公局委员会，为布告事照得本会于本月二十一日会议议决，将现在龙田村街改为文第士街，合行通告除将本布告译出华文刊行宪报外，并粘在常贴告示之处，希各知照此布。一九三三年一月二十四日，会长路义士。"此街名沿用至今。

有关该街开辟的年代，众学者说法不一。现主要有以下两种观点。

第一种，唐思认为是1907年，"这条街道位于昔日龙田村内龙田村街。1907年间，澳门开拓市区，辟路建屋，其中一条街道则是文第士街。"①

第二种，王文达认为是1918年，"及至一九一八年间，澳门当局又将此广场，划作民房马路，首于场中辟一路线，最初称为'龙田村街'。"②

但是若根据《澳门市街道名册》的记载，上述两种观点都不可信。笔者认为文第士街应该早在1905年之前便已开辟了。据《香山县志续编》载，澳门政府于清咸丰年间在龙田村修路，平毁金钟山。③至1879年澳门政府开始管理龙田村，后又于1901年7月24日将二龙喉马路至龙田村的所有屋宇、棚寮、花园、田土、房屋等，用官价购买改建，以利公用。文第士便是在这一年来到澳门，在此处购买了一

① 唐思：《澳门风物志》，中国友谊出版公司，1998，第66页。

② 王文达：《澳门掌故》，澳门教育出版社，1999，第147页。

③ 厉式金主修、汪文炳等纂《香山县志续编》卷一《舆地·山川》，转引自吴祖缃主编《中山文献（七）》，台湾学生书局，1965，第2008页。原文为"金钟山在龙田村，形如覆钟，与望厦普济禅院相对如案，中多坟塚。咸丰季度，澳夷平毁作路，山之旧形不复在"。

些砖瓦房舍。1904年12月，澳门“在塔石山掘取泥土修整龙田村新马路”。①如此可知，早在19世纪末20世纪初，澳门便在龙田村创建并修整马路，而且在1905年的《澳门市街道名册》中已记载了“龙田村街”。

（2）地理位置变化

该街开辟之初，位置是“从罗利老马路到高士德大马路（柯高马路）”，因此说法过于简单，这一时期其具体位置已不确定。而根据1925年的《澳门市街道名册》记载，该街竟成为一条新街，位于士多鸟拜斯大马路上，至柯高大马路方向与罗丝山方向，与罗沙达街平行。由此推测，1905年《澳门市街道名册》记载的街道位置与1925年记载的街道位置一致。（具体位置可参照1925年澳门龙田村街位置图）

后随着城市的扩建，该街道位置发生了几次变化。据1957年《澳门市街道名册》的记载，该街“由士多鸟拜斯大马路，即飞良韶街附近起，至亚马喇马路，即圣母坟场与鲍思高学校之间，及螺丝山对面止”。很明显，街道位置变化很大，该街不再位于士多鸟拜斯大马路上，而是以它为起点向北延伸。（具体位置可参照1957年澳门文第士街位置图）

直到1989年5月26日澳门市政厅平常会议决议，才将其位置改为如今的范围，并将文第士街从美副将大马路到亚马喇马路的一段，以鲍思高神父的名字命名，并将鲍思高街规划到花地玛堂区。（具体位置可参照1989年之后澳门文第士街位置图）

---

① 吴志良、汤开建、金国平：《澳门编年史》（第四卷），广东人民出版社，2009，第2125页。

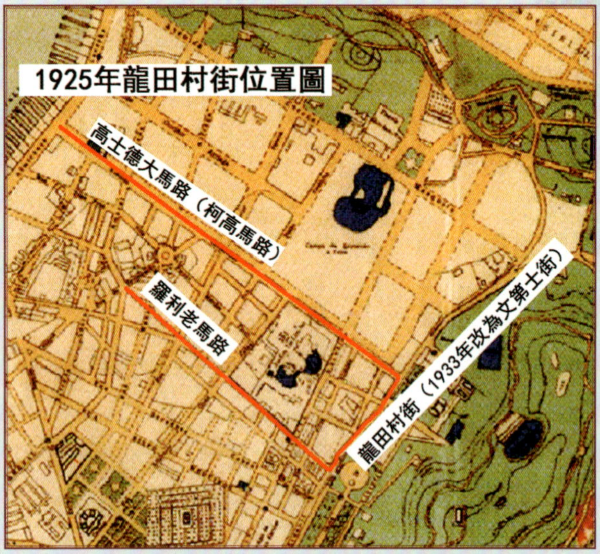

◆ 1925年澳门龙田村街位置图

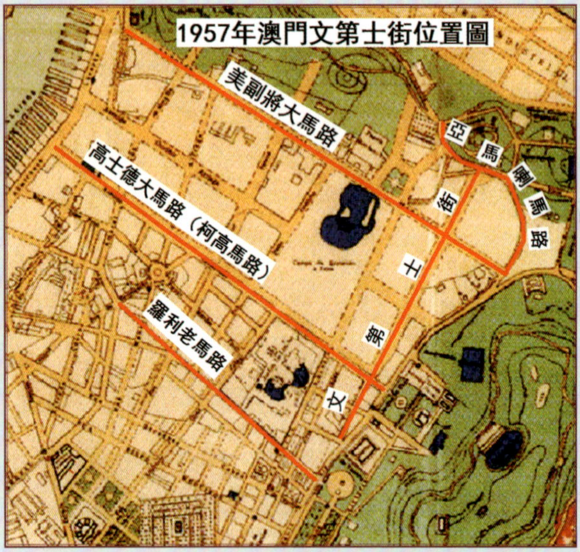

◆ 1957年澳门文第士街位置图

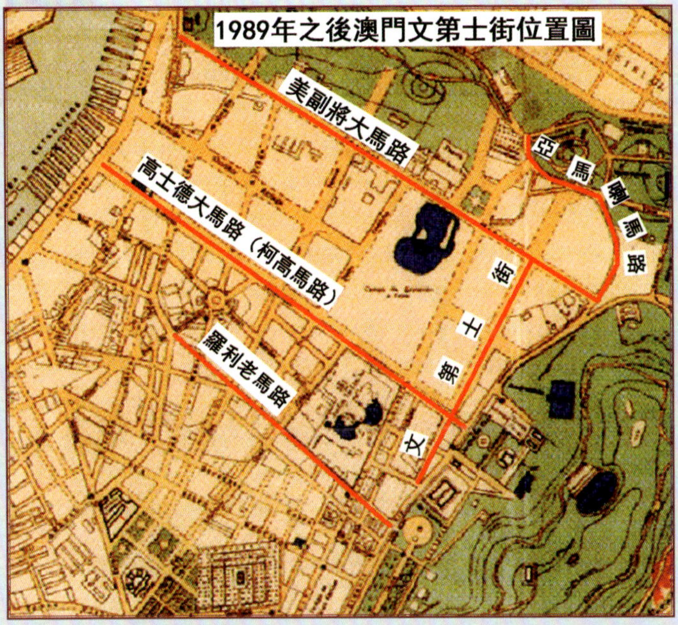

◆ 1989年之后澳门文第士街位置图

（3）文第士

文第士街是根据其葡语名字直接音译过来的。说到该街，就不得不聊一聊文第士这个人。

文第士出生于葡萄牙波尔图，毕业于葡萄牙科英布拉大学法律系，1901年携妻来澳门，1930年逝世，是著名的葡萄牙汉学家。他除了是利宵中学教师外，还是执业律师。文第士平常喜欢研究哲学、宗教、历史及艺术，对中国美学和历史均深有研究，且对道家文化研究尤深，发表过《老子及其道德经》和《道学选录》等论著。飞历奇曾称他为“澳门和澳门人民的好朋友，澳门崇高而优雅的灵魂”，并称

“他的作品对于希望了解澳门的人乃是必读之书”。[①]他尤其喜爱中国画及陶瓷古玩，藏有不少珍品，可以说是当年澳门最大的收藏家。后来，他所收藏的这些艺术品被政府收购，藏在贾梅士博物馆中，如今已成为澳门艺术博物馆的藏品了。在澳门居住期间，他经常到古玩店游逛，观赏古玩；在家接待来客时，每遇同好者，便拿出珍贵的国画，让人欣赏，并详加介绍画作作者及艺术特点，滔滔不绝。由于他与罗沙达、飞良绍、巴士度等葡商曾购置龙田村土地，因此当局以他们的名字命名这一区新开辟的街道，作为纪念。

（4）澳门孙中山纪念馆

澳门孙中山纪念馆位于文第士街1号环球酒店旁，是孙中山的哥哥孙眉出资在这里兴建的，作为其家人的住所，可惜房子尚未完工，孙眉就去世了；1918年孙中山将其再加扩建，名字为“孙公馆”“孙府”。1930年8月13日，澳门兵头花园（今二龙喉公园）后的军火库因天气酷热、管理不善发生大爆炸，周边民房几成废墟，而龙田村1号孙公馆，位于军火库的斜对面，严重损毁。为此，孙科斥资重修房子，重建后的孙公馆面貌、结构与昔日截然不同，典雅庄严，外形优美，外绕以短墙，左侧辟一个小花园，里面竖立着由孙中山生前好友梅屋庄吉铸赠的孙中山全身铜像。

纪念馆内的装修保留原貌，馆内陈设均为孙中山在广州任大元帅时所用的文物家具，及在澳门行医时所用的物品。一些孙中山的真迹和珍贵照片，包括孙中山与革命先烈们的合照，也珍藏在内。馆内还拨出了一个展区，展出有关台湾的简单介绍和一些台湾出版的刊物。

---

① 飞历奇：《澳门电影历史：有声影片时期（1930—1931）》，《文化杂志》1995年第23期。

馆侧是孙中山生前喜欢坐立的花园，其中矗立着一尊孙中山的铜像及“天下为公”四个大字，以供游人瞻仰。

（5）街道周边环境

文第士街多是住宅楼宇，较为静寂。别具一格的孙中山纪念馆在它的起点士多鸟拜斯大马路附近，纪念馆的拱门是马蹄形的，曼奴埃尔式的构柱一如扭紧的绳子。对面员警办公的建筑物也新颖奇特。两座建筑物的形状各异，趣味盎然。沿街继续向前走，会经过各种各样的有趣的商店，包括一家西方乐器店和一家中国古董店。到了与高士德大马路的交点，是两座有碍观瞻的巨大立交桥。在桥的另一边，是原先属于望厦村的观音堂。

文化公所
Hall de Cultura

澳门街道的故事

下

林发钦　胡雅琳　郭姝伶◎著

Macao

SPM
南方出版传媒
广东经济出版社
—广州—

图书在版编目（CIP）数据

澳门街道的故事：上、下 / 林发钦，胡雅琳，郭姝伶著. —广州：广东经济出版社，2019.12
ISBN 978-7-5454-7083-3

Ⅰ. ①澳… Ⅱ. ①林… ②胡… Ⅲ. ①城市道路—介绍—澳门 Ⅳ. ①K926.59

中国版本图书馆CIP数据核字（2019）第268964号

出 版 人：李 鹏
合作策划：澳门文化公所
责任编辑：韩文君 林跃藩 宋昱莹 谢慧文
责任技编：陆俊帆
装帧设计：广州友间文化传播有限公司
封面设计：回归线视觉传达

澳门街道的故事（下）
Aomen Jiedao De Gushi（Xia）

出版发行	广东经济出版社（广州市环市东路水荫路11号11～12楼）
经销	全国新华书店
印刷	广东鹏腾宇文化创新有限公司 （珠海市高新区科技九路88号七号厂房）
开本	787 毫米×1092 毫米 1/16
印张	14
字数	172 千字
版次	2019年12月第1版
印次	2019年12月第1次
书号	ISBN 978-7-5454-7083-3
定价	150.00 元（全二册）

广东经济出版社官方网址：http://www.gebook.com 微博：http://e.weibo.com/gebook
图书营销中心地址：广州市环市东路水荫路11号11楼
电话：（020）87393830 邮政编码：510075
如发现印装质量问题，影响阅读，请与承印厂联系调换
广东经济出版社常年法律顾问：胡志海律师

序

老街是历史城市的缩影，老街的碎片折射的不仅是物质记忆，更是那时那人的斑驳心路。古老气息与后现代文明交融，在宁静与喧嚣中，不断注入新鲜活力的发展中的城市，变得亲近而遥远、熟悉而陌生。

为此，几年前，我们开始组织学术人员启动“澳门老街道”研究项目，研究内容涵盖澳门七个堂区、八十多条老街道，以“专业研究，通俗易懂”的撰写方式，力求成就一部体现澳门老街历史特色的专著。

澳门曾是一个小渔村，而现在它是一座中西文化交汇的城市、一座集购物与娱乐功能于一体的旅游城市。老街众多的名胜古迹、宗教建筑，以及博彩业等，吸引着南来北往的海内外旅客。那些本土居民的风俗习惯、那些土生葡萄牙人的言行举止、

那些小城的美食餐饮……是如何产生与变化的呢？现在就让我们迈开步伐，循着老街的痕迹，绘制人文地图，去讲述老街的故事。

经过一段时间的梳理和编纂，我们初步完成了有关澳门老街道的文字内容，又经过长时间的校对、地图绘制及图片搜集拍摄，终于完成了这部学术与通俗相结合、图文并茂的书稿。

因篇幅较大，书稿按澳门七个堂区的分布，由北向南，分上、下两册设计出版。

感谢所有参与研究项目的学术人员，是大家不惮艰辛才创造性地完成此项工作。

林发钦

2019年5月

编写说明

本书编写以“专业、研究、科普、创新”为原则，按地理位置由北向南分为上、下两册，其内容涵盖澳门七个堂区，融贯古今。有关编写原则略述如下。

1．两册均涉猎澳门中外文献，分析整理前人著述。主要为晚清至当代的报刊、中外古地图等。

2．研究内容包括堂区及街道的位置、地名、名胜、人文及今景。

3．《澳门街道的故事》（上）记录的主要是澳门半岛北半部的花地玛堂区、花王堂区、望德堂区；《澳门街道的故事》（下）记录的主要是澳门半岛南半部的大堂区、风顺堂区，以及氹仔的嘉模堂区、路环的圣方济各堂区。

4．除文字资料外，配合运用一些古地图以及相应地景的新老照片。

5．为避免篇幅烦冗，每个堂区以“历史久远、中西特色”的原则筛选“6~16”条街道不等。

6．为保持地图原貌，书中地图中的繁体中文未转化为简体中文。

《澳门街道的故事》记录的街道演变内容及街道筛选难免疏漏，热望社会各界指正。

目录

大堂区　1

风顺堂区（圣老楞佐堂区） 81

嘉模堂区（氹仔） 153

圣方济各堂区（路环） 183

大堂区

大堂区位于澳门半岛的东南部，有一条狭长地带沿新马路和草堆街之间延伸至半岛西岸，是澳门半岛面积第二大的堂区（排在花地玛堂区之后）。该堂区不仅人口数量是各堂区中最少的，而且人口密度也是半岛五个堂区中最小的。大部分土地为填海所得。

堂区历史

大堂区，是澳门最早的三个坊区之一，命名于1894年。据《澳门政府宪报》称，1894年，澳门政府根据澳门的人口居住密度、城建环境为征收业钞划分了三个行政区域，其中第二坊为大堂坊。实际上，澳门政府将所扩张的土地纳入管辖范围，划定"坊约"，进行行政管理。而大堂坊在当时是人口密集的商业活动区。

◆ 大堂

堂区范围

从行政区划上来看，大堂区旧称“大堂坊”。昔日其地理位置由圣老愣佐堂（即风顺堂）之北旁起，由海面上经白头坟墓之北，经新火药局马路、西洋坟墓，直过细井巷尾，转过大炮台北面，顺经穷里、多偏南落，至大三巴街，又顺落至高尾街、出大街、草堆街、康公庙前地至美基街，直至河边街为界。

从天主教教区划分来看，“大堂区”本指澳门的一个天主教教区，是澳门大堂附近的一个地区，据1957年《澳门市街道名册》载，其范围主要包括“大堂前地及大堂街至罗结地巷止之一部分，有主教巷、大堂巷、大庙脚巷、板樟堂巷及大堂新围等街道”。显然，这与上述“大堂坊”的位置不一样，“大堂坊”包括“大堂区”。

由上可知，起初“大堂区”主要指天主教教区，后来随着城市的发展变成今日澳门行政区划的名字。如今，大堂区包括澳门半岛中区、新马路以北部分地区、南湾、水坑尾、整个新口岸填海地段，东至新口岸港澳码头，整条环岛公路至妈阁南端，还包括澳门旅游塔和立法会。

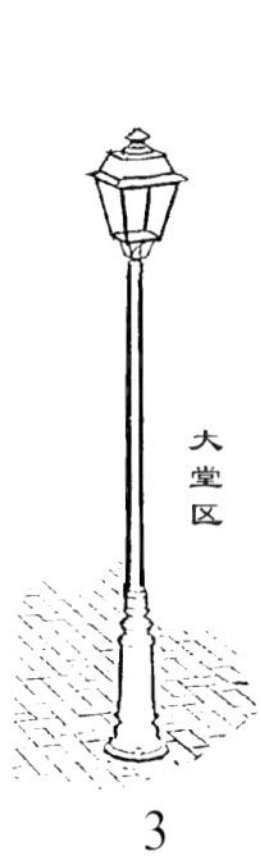

堂区街道

大堂区街道可谓见证了澳门半岛的历史空间演变。该区西部街道位于旧城区，具有历史性、传统性，历史演变较明显，主要有新马路、营地大街、草堆街等。该区东南部是南湾区街道，自20世纪30年代填海开辟而来，主要街道包括南湾大马路、南湾街、南湾里等。而该区东部是新填海开发区，街道多在20世纪90年代开辟拓建，北以罗理基博士大马路与老市区和东望洋山相接，南临外港海面。主要街道有友谊大马路、高美士街和毕士达大马路等。该区规划整齐，建筑布局井井有条。由此可知，20世纪大堂区的地域空间逐渐向东扩展。

◆ 俯瞰大堂区

堂区商业

澳门过去只是一个小城市，商业区不大而且分散，金融业也不发达，虽然昔日大堂区是人口密集的商业活动区，但一直没有形成中心商业区。随着10多年来澳门经济的持续发展，如今该区已经是澳门的经济中心，主要包括三个中心商业区。

其一是新马路一带，即大堂区的西部。因包括营地大街、草堆街、十月初五日街等，自古以来就是澳门的商业中心，如今仍是最热闹的商业区。

其二是南湾中心商业区。近些年，在新马路东段、殷皇子大马路及与它们相交的南湾街一带，一座座高层商业大厦拔地而起，各种商业机构、外贸公司、保险公司、建筑公司、律师事务所、会计师事务所等在这里办公，且20多家银行的总行或总办事处设在这里，以至于这里成为全澳门金融及商业的心脏地带。

其三是大堂区的东部商业区。因其大部分是填海而成的土地，所以是一个发展中的新兴高级商住区，多家高级餐厅、四星级与五星级的酒店坐落于此。

另外，澳门半岛的所有赌场均坐落在此堂区内，主要包括著名的葡京娱乐场和金沙娱乐场。可见，大堂区是集金融、经济、娱乐于一体的商业中心区。

1. 大堂前地

大堂前地俗称大庙顶，是圣母圣诞堂（俗称大堂）前的广场，位于天主堂及教务行政处附近，在大堂街、大堂斜巷和主教巷、大堂巷、板樟堂街之间。可由大堂街通新马路并与龙嵩街相连，大堂斜巷通南湾大马路，主教巷和大堂巷通板樟堂街，板樟堂街通议事亭前

◆ 大堂前地

地。大堂前地于1869年由澳门政府正式命名。2005年，大堂与大堂前地同被列为世界文化遗产“澳门历史城区”的一部分。

◆ 大堂前地

（1）大堂（主教座堂）

大堂前地的名字来自“大堂”，即圣母圣诞堂，或主教座堂。由于以前中国人称教堂为庙，故大堂曾名“大庙”，其前地即“大庙顶”。大堂还有另一个名字——“望人寺”，与望德堂的名字相似。只因早先南湾山岗前后没有什么建筑，人们在此可清晰地看到出入南湾的船只，当初来澳门的葡萄牙妇孺常站在那里观望家人出航或归来，所以这里的教堂称为“望人寺”。

大堂历史悠久，由于年代久远，其始建年代说法不一。一种说法是1576年创建，另一种说法是1588年创建，还有一种说法是创建于17世纪初期。因为历史上望德堂曾是主教座堂，故而容易将望德堂的创建时间与大堂混淆。详情可参看以下资料：

“早年（1558年）望德堂曾作为澳门教区的主教座堂，但后来另建主教座堂于大庙顶，望德堂便成为仁慈堂产业发疯院的附堂。”

“1576年1月23日，教宗格列高利十三世发布大敕书，正式成立澳门葡萄牙主教区，辖区包括中国内地、日本、朝鲜和所有毗连岛屿，任命刚满30岁的努内斯·菲盖拉为澳门教区首任主教。由于努内斯·菲盖拉坚决辞去主教一职，遂改任莱奥纳多·萨为首任主教。根据此项敕令，原来的望德堂正式升格为主教座堂。”[1]

由上述资料可知，1576年是望德堂正式升格为主教座堂的时间，而非大堂创建的年份。祝淮主修的《新修香山县志·海防·澳门》称：“大庙在澳东南，即望人寺。”祝淮修志时，这时的主教堂早已建成，不在望人寺（望德堂），以望人寺为主教座堂是1622年之前的事。再根据《澳门编年史》，1622年，“在大庙顶（又称大堂前地）建成新主教座堂，葡人称圣伯多禄堂（Igreja de S.Pedro），中国人称为大堂（Igreja de Sé）或大庙。”[2]进一步确定在大堂修建之前，望德堂为澳门第一座主教座堂。大堂实际建于1622年。

据称，当时的主教座堂是一座木板搭建的小教堂。大堂建成后，堂门朝东，新堂为砖石建构，正面为花岗石建造，上面有凸型石刻拉丁文：“SS.M.V. MARIAE NASCENTI”，意为“献给童贞玛丽亚诞

① 施白蒂：《澳门编年史：16—18世纪》，小雨译，澳门基金会，1995，第18页。
② 吴志良、汤开建、金国平主编：《澳门编年史》（第一卷），广东人民出版社，2009，第377页。

生”。后又于1780年10月11日重修位于澳门大庙顶的主教座堂，至翌年5月20日完工，耗时半年余。[1]1849年，天主教集众捐款，重新改建成今日的外型、规模。1850年2月14日，由澳主教马达主持初祀典礼。1874年，该堂因风灾受到很大破坏，1937年至1938年重建。如今该教堂具有新古典主义的特点，华贵的玻璃窗和圣像营造出一种宾至如归的氛围，使之成为当时澳门建筑史上最富丽堂皇的教堂。

（2）宗教气氛浓厚

现前地已铺了充满南欧风情的黑白色石块砖块，并在大堂巷和板樟堂巷之间建有一座石质十字架。该十字架1993年还在，但在数年前被台风所毁，今已不存。教堂后有一座钟楼，并有一个古董大钟，在将有重要弥撒、大礼、瞻礼、婚礼时，大钟就会响起。曾经响起的特别钟声是为了追悼逝世的教宗若望保禄二世，分别在2005年4月6日的教区追悼日早上9时、下午1时及傍晚6时，响起的“哀

◆ 今日大堂钟楼

① 施白蒂：《澳门编年史：16—18世纪》，小雨译，澳门基金会，1995，第178页。

钟”约有1分钟。主教座堂内保存着多幅宗教名画，与周边建筑共同围合成大堂前地这个空间，洋溢着浓厚的宗教气息。

◆ 大堂

◆ 今日大堂

2. 议事亭前地

议事亭前地位于澳门世界遗产建筑民政总署大楼前，俗称“喷水池”，是澳门最繁华的市中心广场。正式命名于1869年。现为世界文化遗产——澳门历史城区的组成部分。议事亭前地北连板樟堂前地，南临新马路，南阔北窄，呈狭长的三角形，是热闹的商业及文化活动区。

◆ 议事亭前地

◆ 议事亭前地

（1）从“议事亭”到民政总署

民政总署前身是澳门市政厅（又名市政议会、议事会、议事公局），16世纪的澳门绘图显示议事亭为西洋风格建筑，澳门人习惯称之为“议事亭”。其前方的市政广场也因此被称为“议事亭前地”。

◆ 民政总署大楼

葡萄牙人在澳门定居后，澳门仍由香山县管辖。到了1582年，澳门的葡萄牙人越来越多，民事、商事日益复杂，急需一个专门处理这些事宜的管理机构，于是1583年成立了澳门市政议会，为早期澳门最重要的政治中心。

后在1595年又成立了澳门市议事局，俗称“金巴喇”。有关“金巴喇”的解释，王文达先生有详细的叙述：“议事亭，古之称号也，时人多以‘金巴喇’（Câmara）名之。查‘金巴喇’，本乃葡语发音，其释义可作‘屋’，或‘办事处’解。若只以‘金巴喇’称之，说来实不通者。在葡文上亦应写作Câmara Munipal de Macau，即澳门市政局，乃合也。”[1]“金巴喇”乃是澳门议事亭最早的名称。

观看《澳门纪略》中的图片，议事亭是一座中式建筑，所以议事亭过去曾被人误会为中国官员会见葡萄牙人的地方。而在议事局成立后，1783年，市政议会用8万两白银购买议事亭原址，重建了议事局大楼，大楼于1784年建成。建成后的市政议会大楼与现时所见的民政总署大楼有所出入，因为1874年澳门经历了一场台风，后来该大楼进行了一次较彻底的重修，1876年完工，今在民政总署大门上看到的

◆ 约1910年的议事亭前地旧照

① 王文达：《澳门掌故》，澳门教育出版社，1997，第123页。

罗马数字，也就是这个年份。之后分别在1904年及1938年进行重新修整，才改建成今天的模样。

19世纪将议事局改名为市政厅，是因为当时澳门一位记者的突发奇想。他把议事局译成市政厅，结果各家报社随之纷纷效仿，久而久之，澳门官方也跟从了这种说法。澳门回归后，改称为临时澳门市政局。2002年1月1日，澳门民政总署正式成立，办公地点就在原市政厅处。

从16世纪的议事亭，到21世纪的民政总署，这里曾一度成为澳门的政治中心，风云流变，这里的景致也发生了翻天覆地的变化。

市政厅在1972年秋耗资30万元，在此兴建了一座现代化的新型喷水池。其上有一小级梯形突起，上铺设圆形的喷水嘴，水下配十数盏五光十色的射灯，晚上大放光彩。以中间水柱为主，周边圆形小水柱向中心间断围射，两级彩色灯光相间闪耀，水柱灿烂如虹彩耀目。如今，该处成为来澳游客拍照的好去处，也是澳门当地居民休闲、娱乐的地方。

（2）仁慈堂大楼

仁慈堂大楼，位于澳门议事亭前地的旁边。因是澳门慈善机构仁慈堂的物业，故而命名为仁慈堂大楼。它建于18世纪中叶，至1905年形成今天的面貌，为两层高欧陆式的传统砖石建筑物，具新古典主义建筑风格。该楼上有三角楣，整体为白色设计，外表亮丽，给人一种朴实、安静、高雅的感觉。大楼的立面墙身是建在十个方形的花岗岩柱基上。同时，在柱基上均设有一对壁柱作装饰，使大楼的立面具有一种镂空的效果。2005年它被列入世界文化遗产名录，属澳门历史城区。

说到该大楼，就不得不说“仁慈堂”。该堂旧称“支粮庙”，是澳门第一所慈善组织，于1569年由澳门首任主教贾尼劳创立，因该堂的工作是负责慈善救济，故而其被命名为“仁慈堂”，距今已有4个多世纪。成立之后，仁慈堂开办了中国第一所西式医院——白马行医院，并设育婴堂、麻疯院、老人院、孤儿院等机构。但令人想不到的是，仁慈堂竟与澳门龙头产业博彩业有密切关系。原来澳门是中国最早正式发售中西式彩票的地方，而第一批以慈善为目的的彩票就是由仁慈堂发行。

◆ 1910年的仁慈堂大楼

仁慈堂大楼的地下室原为澳门政府部门公证署办公室（2016年已经搬迁），二楼则为仁慈堂博物馆，可参观仁慈堂创建者贾尼劳澳门天主教第一任主教的全身画像、头颅遗骨和陪葬品十字架。

◆ 晚间的仁慈堂大楼

（3）街道周边场景

如今，议事亭前地铺以葡式碎石，正中央设有一喷泉，成为澳门地标之一，当地人俗称这里为“喷水池”。现已被列为行人专区，现代化的商店和欧陆风格的历史建筑分布四周，加上与新马路相连，成为旅客访澳的必游之地，热闹非凡。

除了民政总署大楼外，议事亭前地附近还有邮政局大楼、仁慈堂大楼、关帝庙等重要古迹。沿议事亭前地往大三巴街方向走不到5分钟，可到达著名景点大三巴牌坊。

3. 亚美打利庇卢大马路（新马路）

亚美打利庇卢大马路（新马路）在民政总署大楼前通过，东起南湾街与殷皇子大马路之间，西至火船头街与巴素打尔古街之间，十六号码头前。贯穿澳门半岛东西两岸，与殷皇子大马路连贯成澳门的东西要道，把内港与新口岸葡京一带连接起来，是澳门最繁华的街道之一。

（1）地理位置

亚美打利庇卢大马路于1918年建成，最初的位置是从南湾街，至巴素打尔古街7号与23号之间，尚未到达海边。今该马路的终点已到内港十六号码头。并且该马路成为风顺堂区与大堂区的分界线，街道的单数门牌一侧属于风顺堂区，而双数门牌一侧属于大堂区。

◆ 新马路

（2）街道创建及街名变换

该街葡文名字为“Avenida de Almeida Ribeiro”，是以当时葡萄牙最高法院的法官亚美打利庇卢（Alberto Theophilo Ribeiro）的名字命名的，他是澳门历史上任期最短的总督之一，1911年9月8日至12月22日任澳督，其军衔是葡萄牙陆军少尉。

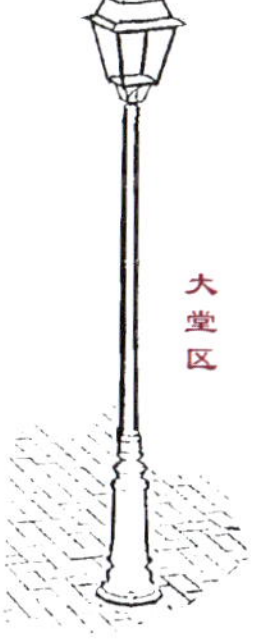

藥
振興大藥房
FARMACIA TSAN HENG
CSS
周生生
JADE
翡翠餐廳
ROLEX
勞力士
東方紅
8877 099

新中央

巴士站
周大福

◆ 新马路，民众在等公交车

其实该马路在刚开辟的时候还未被命名，人们就称之为“新马路”，直到1918年澳门政府把议事亭前地至内港十六号码头的一段命名为“亚美打利庇卢大马路”，把议事亭前地至南湾一段称为“美副将大马路”。后来为避免产生混淆，又因马路短小，遂把两条马路合并，统称为“亚美打利庇卢大马路”，但因名字颇长，至今人们仍旧沿用最初未命名时的称呼，叫作“新马路”。

为什么要修筑新马路呢？公认的说法，是因为在该马路修筑之前的400多年间，澳门没有一条可贯通东西向的直路，唯一连贯澳门西岸与东岸的陆路，是一条曲折且宽窄不一的“驳街路线”，这条路线由康公庙口沿草堆街至关前街，再转入营地大街，再折上板樟堂街，再转入天神巷，出天神巷就到了水坑尾口的南湾街，曲折迂回，很不方便。另一种说法是澳门政府工务局为促进澳门半岛东西岸商业活动的流通，改善交通卫生环境，决定修筑一条贯穿半岛东西岸的马路。还有一种说法是，金丰居士认为因1910年葡萄牙宣布废除帝制，成立共和国，澳门当局将“泗孟（口字旁）街”改为“十月初五日街”，另外决定在澳门中区修建一条直贯东西的马路，即在市政厅开辟一条新马路，以纪念葡萄牙推翻帝制。这三种说法中，最后一种说法颇令人质疑，因为修建新马路的决定早在1903年便提出来了，与1910年的葡萄牙革命“风马牛不相及”。故修筑新马路的根本原因便是为了改善澳门半岛的交通状况。

新马路建造计划始于1903年，经过一系列征地收屋，为该路的修建做好前期工作后开始动工。1910年，澳门政府对内港进行了几次填海，填成了新马路的西端。

第一期工程从1911年持续至1913年。从议事亭前地的市政厅西侧墙角起计，至大鹏巷（Travessa do Tintureiro），原预计建造62

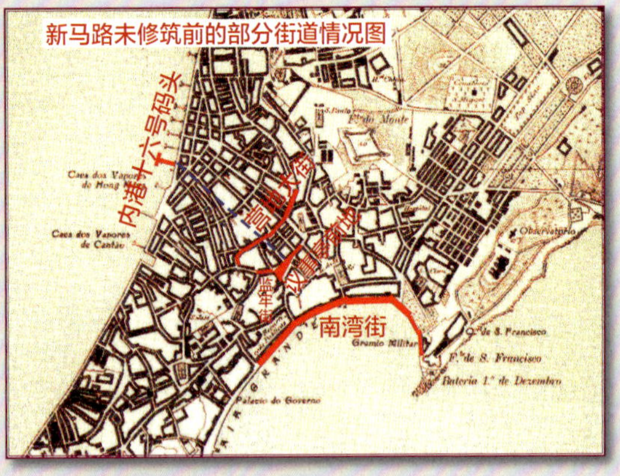

◆ 澳门新马路未修筑前的部分街道情况图

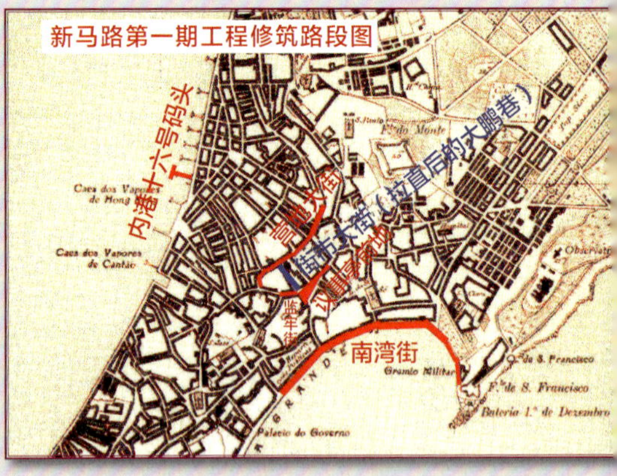

◆ 澳门新马路第一期工程修筑路段图

米，[1]但结果只修了44米，并将这一段路暂时命名为“街市大街”（Avenida do Bazar）。昔日，大鹏巷坐落在大街与议事亭前地之间，今全部被新马路占有，故而可以说大鹏巷是新马路的前身。可查看《澳门新马路未修筑前的部分街道情况图》与《澳门新马路第一期工程修筑路段图》的显示。

第二期工程从1913年持续至1915年。从内港十六号码头开拓一条直街至大鹏巷，与“街市大街”贯通，于1915年3月完成。这条直街占据了由炉石塘通往西岸的“赋梅里”（Beco dos Barbeiros）。早在

① 施白蒂：《澳门编年史：20世纪（1900—1949）》，金国平译，澳门基金会，1998，第52页。原文为“1911年3月4日，对新马路第一期工程继续招标。该工程从议事亭前地至大鹏阁（Pá tio de Martelo），总长62米，建成后，命名为亚美打利庇卢大马路（Avenida Almeida Ribeiro）”。

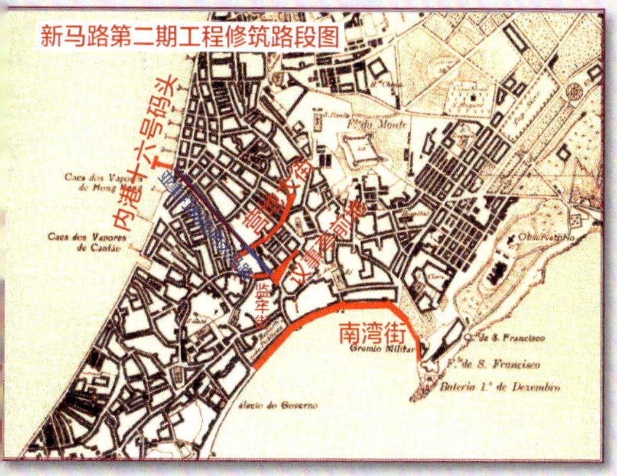

◆ 澳门新马路第二期工程修筑路段图

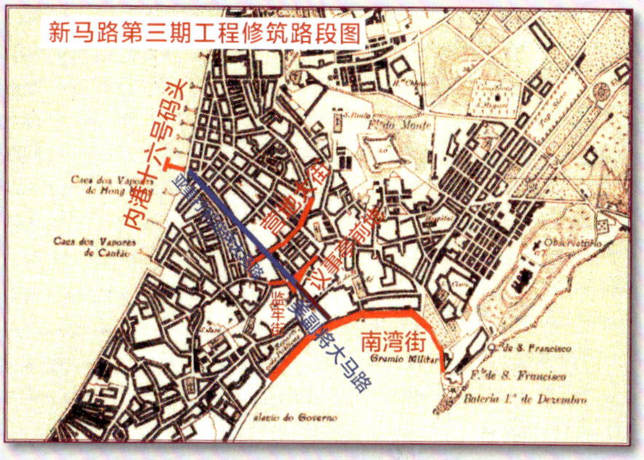

◆ 澳门新马路第三期工程修筑路段图

1913年9月2日，街市大街便被命名为“亚美打利庇卢马路”。[①]1915年时，将这条开通了的新马路统称为“亚美打利庇卢大马路”。这时的新马路开通了马忌士街（今义字街）、巴士度街及俾利喇街三条横街。

第三期工程从1915年持续至1918年。这一期间，澳门当局把已拓阔修整好的“美副将大马路（Avenida Coronel Mesquita）”（由市政厅东侧墙角至南湾的一条直街）与“新马路”合并，成为一条直贯澳中区东西的大马路，仍用“亚美打利庇卢大马路”冠称，而将望厦普济禅院前的新辟马路命名为“美副将大马路”。且连接亚美打利庇卢大马路和南湾街（Rua da Praia Grande）的最后一段直至1918年10月16日

① 施白蒂：《澳门编年史：20世纪（1900—1949）》，金国平译，澳门基金会，1998，第74页。

始获批准。[1]

这条仅仅数百米长的街道，从计划建造开始竟然用了近15年的时间才完成。新马路的修建，拉直了新马路西段的弯曲小巷，挖平打通了东段龙嵩街口与大庙顶之间的山冈，拆毁了由议事亭前地向三角亭一路延伸的老屋，其中还包括当时位于亚美打利庇卢大马路和南湾街交汇处的富商林连的大宅，直达南湾海滨。如此大规模改建，方便了澳门的东西交通。

（3）街道周边建筑

新马路的两旁，大多是二十世纪二三十年代的“骑楼”式建筑，遮盖人行道，最大特点是商住两用，上层可作住房、货仓和写字楼，下层则可作店铺，是南方城市传统的建筑风格，被列为建筑文物保护区。昔日，新马路开设有域多利戏院、平安戏院、兴记酒店、国际大酒店和中央大酒店等大型娱乐场所和高级酒店。今日沿路有新中央酒店（1928年开业），国际酒店（1941年开业），大西洋银行，大丰银行，永亨银行，澳门市政厅（1784年建成，1875年重建门面，1939年重新装修），邮政局大厦（1929年建成）等。

◆ 中央大酒店广告

位于新马路的文化会馆是澳门著名的

① 施白蒂：《澳门编年史：20世纪（1900—1949）》，金国平译，澳门基金会，1998，第74页。原文为“该马路是分段建造、分段启用的，其中连接亚美打利庇卢马路和南湾街（Rua da Praia Grande）的最后一段直至1918年10月16日始获批准”。

旅游景点。文化会馆的前身为澳门赌商高可宁的物业，建于1917年。1993年结业后，改建成现在的文化会馆。

（4）街道之繁华

在新马路未开辟前，澳门的商业集中地位于营地大街、十月初五日街一带，但这些街道都是南北走向的，只有东西走向的草堆街起到连接该区的作用。新马路开辟后，便逐渐替代了草堆街的地位，成为该区最热闹的街道，车水马龙，人来人往。现在的新马路，开设有多间商铺和银行，而附近的清平直街、炉石塘巷等著名手信街，通过新马路与议事亭前地连成一体，成为旅客必到的游览与购物之地。

◆ 新马路国际酒店处国庆牌楼（1954年）

4. 海边马路（劏狗环）

海边马路围绕澳门半岛东望洋山，又称劏狗环，于1869年正式命名为海边马路。位置由地厘古工程师马路及白头马路之间得胜斜路顶部起，至美副将大马路前士多鸟拜斯大马路与亚马喇马路之间止。

（1）位置特殊

该街现在属于三个堂区，据1993年的《澳门市街道及其他地方名册》载，“单号侧属望德堂区，双号侧直至储水塘属大堂区，而其余号属花地玛堂区。”由此可知，该街是望德堂区、大堂区及花地玛堂

◆ 海边马路

◆ 海边马路

区的分界线，位置特殊。且在1622年荷兰人入侵澳门时，荷兰提督赖嗜臣（Kornelis Reyerszoon）率领800名精锐荷兰士兵在劏狗环一带登陆，结果却遭到葡萄牙军队的反击。那么，为什么荷兰人选择在“劏狗环”一带登陆呢？ 这与劏狗环的地理位置密切相关。昔日劏狗环地区地处澳门半岛东岸、松山东北脚下，人口较少，多为本地人。而当时葡萄牙人的主要势力范围在澳门半岛的西岸及南湾地区，劏狗环一带的防御能力及措施相对较弱，荷兰人也许正是从这个角度思考，决定从劏狗环一带登陆，想要给澳门葡萄牙人以致命的打击。

（2）街名考究

该街俗称“劏狗环”，昔日这里有一“孤独之泉”（fonte da Solidão），所以又常常被称作孤立马路（Estada da Solidão）。如今，这一山泉已不在，因其年代久远，其位置演变及道路兴废情况已无从考证。

那么，“劏狗环”又如何解释呢？“劏狗”即杀狗的意思，有人说也许跟这里以前的居民吃狗肉的习惯有关。“劏狗环”是一个古地名，原在澳城外“望厦村后”。乃是东望洋山与马交石山之间的一个小海湾，即今天新口岸贮水塘的西北角。从《新修香山县志》的《濠镜澳全图》中可知，“从关闸至澳门城，即澳城之外部分，出现的地名有莲花茎、莲峰（山）、望厦村、龙环村、龙田村、马蛟石、劏狗环、新桥、旧桥及青洲，其中龙环村、新桥、旧桥在澳门地图中第一次出现。”[①]由此可推测，劏狗环应在龙环村、新桥及旧桥之前便已存在。且1622年荷兰士兵在劏狗环一带登陆。如此种种，可推测“劏狗环”是在明清时期就已经存在的古地名。只不过随着澳门城市街道建设，原地貌发生了翻天覆地的变化，“劏狗环”原景不复存在，今海边马路得以开辟出来。

现今，劏狗环指海边马路及东望洋山一部分，于该马路下面一段，从海之圣母眺望台至自来水公司水塘附近，澳门人称之为“海边马路”。位置靠近新口岸一带，地处东望洋山东侧，绿化较好，风景优美。因该区主要道路为海边马路，故而人们习惯性称海边马路为“劏狗环”。

---

① 吴志良、汤开建、金国平主编《澳门编年史》（第三卷），广东人民出版社，2009，第1458页。

5. 南湾街

南湾街，位于澳门半岛东南部，是昔日澳门南湾海岸。今位置由罗飞勒前地起，至加思栏马路与葡京路之间止；是澳门的商业、政治中心。在1869年，澳门政府将其正式命名为南湾街，且在1995年将其改名为南湾大马路（Avenida da Praia Grande）。

◆ 南湾大马路

（1）南湾街的位置变化

南湾街的形成共经过三次填海工程，1863年第一次在此区域进行填海，1869年命名南湾街；据1906年的《澳门市街道名册》载，该街位置为“从巴掌园斜巷到加思栏马路”；而到了20世纪20—30年代，该街得以伸长，即“起自烧灰炉口（今罗飞勒前地），高楼上街（今高楼斜巷）之底端；终于兵营斜路、家辣堂街，至水坑尾街与近西街两街入口处”。且这时的街道已经分属于两个堂区，澳门将当时“编号为1至37号的部分分属于风顺堂区；编号为39至115号，即陆军俱乐部前的部分，分属于大堂区”。由此可知，该街的终点在兵营斜巷附近。在1936年时完成第二次工程，其位置没有变化，一直到20世纪50—60年代才有所发展。据1957年《澳门市街道名册》的叙述可知，南湾街延伸到加思栏马路，“该街由开端至新马路与殷皇子大马路之间止属风顺堂，其余部分属大堂区。”由此可知，这时该街与今位置已相符。

1992年落实第三次填海工程，即对南湾进行整治，此次工程又被称为玫瑰园工程，其范围包括葡京酒店对海、新口岸填海区相接的地方和南湾、西湾对海的填海地区等。而南湾填海工程的一大成果是澳门旅游塔一带的土地。后于1995年该街被改名为南湾大马路。

（2）南湾街——填海而成

南湾街原是澳门南湾海堤，该街因“南湾”而得名。王文达先生称其为“南环街”，因“湾”字粤语读“环”，过去又写成“南环”，故南湾旧称“南环”。而汪兆镛在《澳门杂诗》中也解释，“南湾亦称南环，枕山面海，沿岸疏林掩映，有公园可以游憩。”[①]清澳门同知印光任曾作诗《南湾浴日》咏道：

海岸如环抱，新潮浴渴乌。

镕金看跃冶，丹药走红炉。

舟泛桃花浪，龙盘赤水珠。

蛮烟顿清廓，万象尽昭苏。[②]

作为昔日澳门半岛东南部的一个海湾，其原为海侵之地，为早期葡萄牙人聚集地，且贸易商行林立，曾是澳门的外港。后自19世纪末到20世纪中叶进行填海工程，这里被填海成陆。1863年时，“澳督阿

---

① 章文钦：《澳门诗词笺注·民国卷上》，珠海出版社，2003，第22页。

② 印光任、张汝霖：《澳门纪略》上卷《形势篇》，赵春晨点校，广东高等教育出版社，1988，第2页。

◆ 1920年的南湾街始端海边

穆恩提出改造旧港口结构以及在半岛和离岛沿岸开辟新港口的问题，随之展开了改良港口的研究，由海军部的海外工务局负责，有关技术人员参与了研究”。这一年，在南湾澳督府对面的海滩，即南湾与烧灰炉炮台之间进行填海造地，重新填筑南湾堤岸并建一条南湾街。这条街道由烧灰炉进一步延伸至妈阁山与西望洋山之间的西湾，为这里逐步发展成为高级别墅区创造了条件。至1865年时，南湾填海工程已基本结束。有些人习惯说，1863年的这次填海“形成现在宽阔的大马路及海滨广场”[①]，其实这一说法是有误的，南湾街在填海之前，是南湾的古海岸线，1863年为了拓展总督府前的马路，才沿着海岸建成南湾街。真正的南湾大马路及海滨广场是20世纪通过在此区域的三次填海工程才完成的。

---

① 邓开颂等：《99澳门》，珠海出版社，1999，第51页。

如今该街周围已是高层商业大厦林立，热闹繁华。南湾地区成了澳门中心商业区的主体，是全澳金融、商业和政府机关的“心脏地带”。

（3）陆军俱乐部

陆军俱乐部在南湾街旁边，距葡京酒店不远处，建于1870年，已有100多年历史，为一家私人会所，招待军官或被邀的平民进行文娱活动。俱乐部内有葡国菜餐厅，环境优美，格调高雅，其装潢体现了中西合璧的设计艺术。建筑物的外观为南欧式的平房，地窖呈拱圆形，红墙白柱，明朗整洁。正面楼上有绘着麦穗、彩带的浮雕图案，上有葡文，意为陆军俱乐部，下面的“1870”阿拉伯数字，则表明了其建筑年代。建筑物气度优雅，被誉为“东方的欧洲建筑物典范”。

◆ 陆军俱乐部

1994年，俱乐部翻新，保留所有外部结构，而内部则因经过精心设计而具有现代的风格。

（4）周边风景

如今，南湾街两旁密集地排列着流行名店，售卖欧美进口品牌的流行精品店都聚集于此。多家银行也在此街上，如中国银行澳门分行、大西洋银行、汇丰银行澳门总行、东亚银行、澳门商业银行总行等。该街环境优美，沿着长长的一段堤岸散步，可以一边欣赏西湾湖和南湾湖的自然风光，一边观摩一栋栋造型不同的高层楼宇，著名的澳门礼宾府（前澳督府）、葡京酒店、葡萄牙领事官邸（前峰景酒店）和特区政府总部都坐落在这里，其中礼宾府（前澳督府）建于1849年，原属葡萄牙塞尔加尔子爵所有，1881年改为澳督府，粉红色的建筑美轮美奂。沿途还有不少古榕树，绿树成荫，树影婆娑，并有

◆ 约1920年，榕树堤畔的陆军俱乐部

多间欧陆风情的露天茶座。

（5） 南湾巷，南湾里

南湾新填地早期发展十分缓慢，直到20世纪50年代还很荒芜，近南湾大马路和新马路的地段则成了夏夜的“平民夜总会”，黄昏后茶座、食档、江湖卖艺的聚集在此，十分热闹。这里从20世纪60—70年代开始迅速发展，如今已是高楼大厦林立，热闹繁华。而南湾

◆ 约1900年，南湾街的邮局与澳门酒店

◆ 南湾巷

巷和南湾里便是在这一时期创建命名的。南湾巷于1959年命名，由约翰四世大马路起至罗保博士街附近的南湾街止。南湾里于1971年命名，位于南湾街，自该街23号B与25号之间进入。

◆ 约1920年的南湾街

◆ 南湾里

6. 天神巷

天神巷位于大堂区，由水坑尾街，靠近圣方济各里处起，至伯多禄局长街（白马行街），靠近板樟堂街处止。街道形状呈“L”字形，是一条狭窄短小的街道。于1869年正式命名，在新马路开通之前，是重要的东西向道路。

◆ 天神巷

（1）街名由来

该街葡语俗名为“Travessa dos Diabinhos”，“Diabinhos”中文意思为小鬼；而中文俗称“鬼仔巷”。昔日，在新马路未开辟之前，天神巷虽小，却是一条交通要道，因为它连接了外国人住宅区与中国人商业中心。19世纪以前，外国人与中国人是分开居住的，外国人多住在南湾、加思栏、大井头等地区，他们要到营地街、关前街、白马行等商业区购买东西，都必须经过天神巷，所以常见外国人往来其间，正因如此，当时又称天神巷为“鬼仔巷”。

（2）今昔街景

昔日，天神巷附近住的中国人都是有钱有势的，或为殷商巨贾，或为名门望族，他们在此兴建豪宅大院居住，如创办了清平戏院的王禄。过去的天神巷本身又是巨厦林立，是重要的社会活动场所，如有庆典、出会巡游或军队操演，都要经过这里，且主教的驷马高车，更常在该巷出现，如此天神巷更是繁华热闹。

由于社会发展变化，市区发展，人事变迁，天神巷褪去了往日的光彩。如今只是一条横巷，行人不多，巷弄里的大宅也被拆卸重建大厦，只剩一些旧门墙展示着该巷的沧桑。现在该街临近板樟堂街及水坑尾街等商业街道，该街上新建的大厦也开设了店铺，经营生意，行人穿梭其间，颇为热闹。因为该巷邻近数家学校以及数家电子游戏机中心，故成为青少年流连的地方。

◆ 天神巷鸟瞰（20世纪70年代）

7. 庇山耶街（炉石塘）

庇山耶街又名炉石塘，位于炉石塘区的东南边，全长约175米、宽约8米，东北端在草堆街连接担杆里，沿途与木桥街、丁香围、新埗头街以及多条里巷相交，西南端在亚美打利庇卢大马路连接炉石塘巷。

◆ 庇山耶街

（1）庇山耶街沿革

庇山耶街，最初名为炉石塘街（Rua de Mastro）。炉石塘街得名于街前的炉石塘，此街历史悠久，早在1869年7月26日官方刊宪命名街道时，就已有“Rua de Mastro”。但据王文达先生记载，此街的开辟早于同治年间。“炉石塘，原为古时澳门北湾一部分，半泓绿水，两掖沙滩，环抱成塘。岸前砂路即名炉石塘街。至清朝同治年间，澳门始堵塘建屋，砌成街，无复旧观耳。”由此看来，早在澳门填筑炉石塘前，炉石塘街就已存在，为岸前的一条砂路。

炉石塘本为芦石塘。“芦石塘”最早见于清嘉庆十三年（1808年）的《澳门形势图》。图中在营地市的西南海边标出“芦石塘”一地，这是澳门“芦石塘”一名首次在地图中标出。另外，在东波塔档案中也出现“芦石塘”一称。芦石塘原为古时澳门北湾的一部分，自现今新马路口向东伸展至康公庙一带。沿海边都是野生芦苇荻花，加上横塘乱石，芦石塘的得名实由于此。后来“芦”字竟然讹为“炉”，而且还沿用着。虽然后来澳门将此处填塞后开辟马路定名为庇山耶街，但许多人仍称之为炉石塘街。

昔日芦石塘的一面就是营地大街，因此，此间的许多自内地运送货物的船只，都分别由芦石塘的各个水口运送上岸。今日在炉石塘街另一边的吉庆里、十八间、桔仔围等小巷的一端，就是当年的水口、渡头。炉石塘街的葡文名称“Rua de Mastro”即意为“船桅街”，名称使人想起水口间停泊的船只。直至清同治年间，澳门当局才把堤

岸修理，填塞成陆，铺以石条，而且更向北面推展，于是芦石塘才无复旧观。

关于炉石塘街的沿革，王文达先生考证炉石塘街“及开辟新马路后，将芦石塘街截为两段，将由新马路至草堆街之一段芦石塘街，改名为‘庇山耶街’；又将新马路至福隆新街之一段芦石塘街，改为芦石塘巷”。[①]但根据1906年的《澳门市街道名册》记载，当时已有炉石塘街和炉石塘巷，“炉石塘街，由起草堆街至桔仔街”，“炉石塘巷，由福隆新街至炉石塘街”，因而炉石塘巷在新马路开辟之前就已经存在，并非开辟新马路时产生的。直到1926年为纪念葡萄牙的象征主义诗人庇山耶（Camilo Pessanha）而改名为“庇山耶街（Rua de Camilo Pessanha）”。

庇山耶，出生于科英布拉（Coimbra），1891年毕业于科英布拉大学法律系。1894年4月到澳门，在利宵中学及其附属的商业学院任教。1899年被委任为澳门法区局长，多次代理法官职务。1900年一度出任物业登记局局长。他对中国的历史和语言颇有研究，喜欢收集中国的艺术品。他还是一位诗人，出版了一部诗集《漏钟》，一部杂文集《中国》，文中记述了孙中山1912年5月在澳门接见中西知名人士的情景。澳门政府为纪念他，将炉石塘街命名为庇山耶街。1982年澳门发行的100元澳门币以其肖像为图版。

（2）佐堂衙署

炉石塘畔，草堆街旁，清朝政府曾在此建立佐堂衙署，门口朝向炉石塘街。佐堂，又称作左堂，按清制，县令称“正堂”，县丞称

① 王文达：《澳门掌故》，澳门教育出版社，1999，第176页。

“佐堂”。清朝设香山县丞，专门管理澳门民政诉讼事。清雍正八年（1730年）添设香山县承，先驻前山寨，到乾隆九年（1774年）设澳门同知时驻于前山，遂移县丞至望厦村。后又议移县丞入驻澳门。《澳门纪略·官守篇》：“至前山寨既设同知；所有香山县县丞，应移居澳门……香山县县丞，亦准其移驻澳门。”但由于澳门当局的反对，直至1800年佐堂才正式入驻澳门。

佐堂还多次出现于中国古地图中，其中最早见于道光二年（1822年）的阮元《广东通志》中的《香山县图》。而后在祝淮《新修香山县志》（成书于道光七年即1827年）的澳门图中也有记录驻澳门的“左堂署”。佐堂衙署，一直委任多名官员，以处理有关事务。佐堂栏尾为现草堆街的横巷，“栏尾”即指衙署后部。

（3）同善堂

澳门同善堂创办于清光绪十八年（1892年），会址设于议事亭前地，后曾搬至福隆新街，1924年迁至现今会址庇山耶街。

早期同善堂成立时，已提供赠医施药服务。1924年进一步开办“同善堂贫民义学”，开展教育事业。1976年起，更是提供免费托儿保育服务。除此之外，还派发粥、米、棉被、衣物给有需要人士并提供紧急救济，这也是同善堂造益社会之举。抗战期间，澳门政府保持“中立”，战火没有直接波及澳门，周边大量难民涌入，澳门缺衣少食，难民饿死无数。同善堂挺身施粥，坚持数年，并且专门施粥难童，挽救了无数生灵。

同善堂出现在镜湖医院慈善会成立后的21年，即1892年，创会的目的、宗旨和性质几乎和镜湖医院慈善会一致，推动成立的成员同样

◆ 同善堂位于议事亭前地十四号的早期堂址（1892—1920年）

为一众有影响力的中国商人，其中一些还长期担任镜湖医院慈善会的领导。《镜海丛报》的一则报道揭示了同善堂的创立和镜湖医院慈善会经营方式的微妙关系：“若镜湖医院者，实无益于贫病，而徒有其名者也……又病人之进院，不计其症应否入院方能医治，如无值事所荐入，虽危急亦不收……所以澳门善士又多立一同善堂以医人之此故也。”

同善堂的服务也包括赠医施药、教育、赈灾、抚恤和殓葬等医疗和社会性质的援助，在慈善活动和赈济范围上，同善堂和镜湖医院慈善会有很大的重叠性。但清末年间澳门当地人口已近10万，如此庞大的人口数量令镜湖医院一所中国人医疗机构不敷应用，故同善堂的出现是适应澳门历史及社会变化的。

◆ 同善堂

◆ 同善堂现址

（4）上架行会馆

在炉石塘街中段有上架行会馆，这是澳门最早的工会。创建于清朝道光二十年（1840年），最初会馆门前临海，故其碑志曰：“适逢莲峰开市，炉石成塘。”上架行，俗称三行，所谓三行，指的是做木行、搭棚行及打石行。但由于澳门的打石行工友不多，所以加入油漆一行，统称为上架行。上架行的工友都奉鲁班为祖师，所以会馆进门的大堂设鲁班师傅殿，供奉鲁班塑像。每年农历六月十三鲁班诞辰，行中工友休息一天，在会馆中铺张庆祝，异常热闹。

◆ 上架行会馆

（5）德成按

德成按位于庇山耶街与新马路的交界处，始建于1917年，由富商高可宁与黄孔山合资三万六千两开设。德成按共由四栋建筑物组合而成，分别是当楼、货楼、银号和商店，并且以富衡银号为中心。当楼建在街角，方便客人从正门入，侧门出，以免被友人看见而难为情。而货楼就建在当楼后面，方便储物。商店的最大效用就是出售断当的货物。

根据史料记载，澳门的当铺在清朝时已经开设。据文献资料显示，抗战期间是典当行业在澳门迅速发展的黄金时期。由于战争爆发，香港和内地不少居民痛失家园，他们为了躲避战祸不断涌入澳门，由于物资短缺，百货腾贵，贫困的市民和难民只好去当铺抵押物件，以解燃眉之急。

◆ 原德成按的货楼（有7层，高22米）

澳门典当业“当”的经营资金规模最大、最雄厚，当期可达三年，利息计算也最低。“按”的经营资金则次之，当期为一年或两年，利息比“当”稍高一些。“押”在三者中的经营资金是最小的，当期只有四个月至一年，利息则比前两种要高。后来，由于“当”和“按”的营运模式已经不合时宜，便逐渐被淘汰了，而德成按则是仅有的且保存完整的“按”。这座保存完好的老当铺如今依然静静地屹立在它原来的位置上，向人们诉说它曾经的故事。

◆ 德成按

随着时间的推移，建筑物逐渐老化，不少都面临着被拆除的命运。但是在澳门特区政府和该建筑业主的努力下，“德成按”被成功地保留下来。如今的“德成按”已经变成了一个典当博物馆和文化会馆的综合体。而政府出资修复私人物业，民间组织策划和管理这一模式也成了“德成按”的创新亮点。

8. 殷皇子大马路

殷皇子大马路，位于澳门半岛南部，西北端由南湾大马路起，东南端至南湾广场，实际上是新马路的延长。从新马路东端至殷皇子大马路及与之相交的南湾大马路一带，是全澳商业、金融的“心脏地带”。

◆ 殷皇子大马路之一

◆ 殷皇子大马路之二

（1）殷皇子大马路得名

这条街道的名字“殷皇子”，其中的“殷”字是葡萄牙航海家恩里克（Dom Henrique）王子的名字在澳门的音译字头（澳门译作“殷理基”；而“皇子”（Infante）在古葡萄牙语中则是指“不继承王位的王子”；街道命名于1939年2月18日。

恩里克（又译作亨利）王子生于1394年，是葡萄牙和阿尔加尔维国王若昂一世的儿子，由于恩里克王子在同辈中排行第三，故他不太可能继承王位。不过他对葡萄牙的航海事业有着重要的贡献，在15世纪多次派出探险船队到非洲西岸考察，也建立了全世界首所航海学校。“殷皇子”亨利对探险的热衷，激发起其后很多葡萄牙航海家尝试向南航行寻找东方航线的兴趣，因此，他在航海事业上有很大的成就。澳门为纪念这位航海先驱，曾设有“殷皇子勋章”颁赠给与他一样的获得至高无上荣誉的追梦者。在十月初五日街也有一条以“不继承王位的王子”为名的街道与之相交，是为“皇子街”（Rua do Infante）。

（2）殷皇子大马路沿革

殷皇子大马路的位置原为海域，至20世纪30年代南湾填海后这一带才出现。1930年进行南湾填海，经过七八年的时间将由加思栏炮台至政府大厦对开的一带海域，相当于半个南湾，填成了陆地，即今日的殷皇子大马路、友谊大马路等地区。在填海的计划中，这条马路原是亚美打利庇卢大马路的一部分，不过后来因为某些失误，导致出现了两个名称，殷皇子大马路就是这样而来的。

1939年1月25日，澳门议事公局召开会议，决定将亚美打利庇卢大马路与南湾街之交叉点起，通过奥利威拉路至南湾海湾所填地之圆形地止之所开新路命名为殷皇子大马路（Avenida do Infante D. Henrique）。而殷皇子大马路在葡京酒店建成之前，它的起点是在贾罗布大马路与殷丰素王大马路（即今殷丰素王前地）交界，沿途与萨拉沙博士大马路（友谊大马路）平行至亚马喇圆形地，然后再伸展至新马路与南湾街（南湾大马路）交界，当时全长约有550米。此马路建成后，在马路中间种有可作遮阴的树木，后来还设有座椅，形成了路中心的小型休憩区。

1964年葡京酒店动工兴建，自此贾罗布大马路至亚马喇圆形地的一段殷皇子大马路被占用，长度缩短为现在的350米。葡京酒店于

◆ 亚马喇铜像

◆ 与南湾交界处的殷皇子大马路（1948年）

1970年开业，其门前也修筑了一条道路，名为“葡京路”（Avenida de Lisboa）。

20世纪80年代中期至90年代初期，此街与约翰四世大马路一带曾经是当铺密集之地，皆因这里靠近葡京酒店，而当时新口岸区的房产也未发展完全，故这一带的商铺自然地便属当时澳门最繁华的地方之一。高峰时期，这一带曾有逾十家押店，单在殷皇子大马路就有五家，都集中在此街西北处（约翰四世大马路为界）。不过随着新口岸区的迅速发展，街上的当铺集中情况渐渐向南移，至2008年，殷皇子大马路的南边只剩四家押店。

（3）新葡京与工人体育场

工人体育场起初位于南湾殷皇子大马路（即今新葡京地段），该地段本为澳门广大中学专用非正式的球场，故当时坊间称之为“广大球场”。澳门工会联合总会有鉴于澳门缺乏运动场地，于是在1958年把该球场扩至约一万平方米，于同年8月31日完成扩建使用，并易名为“工人体育场”。工人体育场在扩建时占用了亚马喇圆形地与兵营斜巷之间的圣方济各碉楼街。1970年，开辟足球场及篮球场；随后1973年在商业学校街一边扩建一座两层楼高的活动中心，设有办公室、室内场馆等区域。20世纪80年代，澳门工会联合总会每两至三年在工人体育场举办工人运动会。

2002年，工人体育场搬迁至关闸旁，而原址在2004年动工兴建新葡京。新葡京楼高258米，是一家五星级赌场酒店，娱乐场和酒店分别于2007年2月11日和2008年12月17日开业。

◆ 新葡京酒店

在过去的几十年，工人体育场陪伴着澳门人一起成长，许多人儿时都曾到过工人体育场进行体育玩乐和比赛，踢足

◆ 新葡京酒店

球、打篮球、打乒乓球、跑步……它还是澳门大型文化活动的场地，如多届公益基金百万行的集合出发点、菊展、年宵花市、工展、工业安全同乐日、国庆游园会及春节游园会等，这些都是澳门人近半个世纪美好回忆的一部分。

（4）澳门葡文学校

在商业学校街与约翰四世大马路之间的澳门葡文学校，是由原澳门商业学校、利宵中学等合并而来，校址也原属于澳门商业学校。澳门商业学校，于1887年开办，当时位于现在的夜呣斜巷汇业银行行政中心，至20世纪60年代迁到现址。而其对面曾是利宵中学。

利宵中学在1894年创办，最初名为“国立殷皇子纪念中学”，当时地处现在的荷兰园正街澳门中央图书馆，至1958年迁到澳门商业学校对面。利宵中学在1986年再迁至新口岸后，该处后来发展为中国银

◆ 殷皇子中学（约1950年）

行澳门分行大厦、友谊广场等。1998年因招生不足等缘故，澳门商业学校、利宵中学和鲍思高中学合并建校，成为现在的澳门葡文学校，而原来在殷皇子大马路的商业学校则由澳门葡文学校接管。

9. 营地大街（大街）

营地大街位于澳门半岛西部，由关前后街起至天通街附近止，大致呈南北走向，是澳门历史上古老的商业区之一。早在十六七世纪，营地大街就成为澳门地区繁华的贸易场所。19世纪以来，一直是澳门较热闹繁华与人口较密集的地区之一。现为澳门较大的商业与居住混集区之一。

◆ 营地大街

（1）营地大街得名

此条街道的官方名称为“大街”，后又称为“营地大街”，其名源于此地曾是军队扎营之地。军队扎营原因的说法有二，其一，此地曾是明朝万历初年（1573年）王绰军队扎营之地，以限制葡萄牙人之活动。[①]其二，1801年，法国入侵葡萄牙，英国东印度公司以保护澳

① 杨继波、吴志良、邓开颂总主编《明清时期澳门问题档案文献汇编》，中国第一历史档案馆、澳门基金会、暨南大学古籍研究所合编，北京，人民出版社，1999，汤开建主编第5卷，第200页。原文：“王绰，字梅吾，千户所智裔孙也。以诸生中嘉靖乙卯、戊午两科武举，袭祖职，为宣武将军征讨岭西罗旁等处贼平，升昭武将军，移镇澳门。初，番人之入市中国也，愿输岁饷，求近处泊舶。绰乃代为申请。其后番以贮货为名，渐结为舍宇，久之成聚落。绰以番俗骄悍，乃就其所居地中设军营一所，朝夕讲武，以控制之。自是番人受约束。绰卒，设位议事亭，番人春秋供祀事焉。”明朝王绰曾驻扎军营于此，但王绰入驻澳门时间尚有争议，有万历五年（1577年）和万历十年（1582年）之说。

门不受法国战舰来犯为名，派战舰企图占据澳门，为两广总督吉庆严令撤离。6年后，600名英军以同样理由强行登陆澳门，并在大街上扎起营地。

细查“营地”一名，在成书于1751年的《澳门纪略》中《正面澳门图》已有标示。而“营地街”目前最早见于1776年的东波塔档案中，其中即有“营地街摆卖鲜鱼之人”。由此看来“营地”之名早已有之，并非源于英军驻扎。然而，无论“营地”一词源于何时的军队扎营，它们都证明了一点——“营地大街”自古以来的重要性。营地大街作为军队驻扎地点是比较明智的选择，一方面它控制着内港交易的船只，另一方面它又隔开了内港的中国人区和南湾的葡萄牙人区，便于分开管理。另外，营地大街又称澳门街，曾是澳门中外客商汇聚进行商业活动的街道，其葡文名称Rua dos Mercadores（即商人街的意思）也由此而来。

最早期的营地大街，位于澳门半岛西岸，附近一带的许多水口（较深的水道）则供外国商船停泊和上岸进行贸易。最初葡萄牙人获准在澳门活动，并于1557年开始在澳门筑屋居住，形成澳门半岛南面海岸一条狭长地带，即澳门街，也是当时澳门唯一的街。后来随着贸易扩展，营地大街不单成为繁华的贸易市场，也可以说是中国人与葡萄牙人之间一道非正式的分界线。澳门最早期只有营地大街作为商业街道，其后与关前街和草堆街组成繁华的商业街区。随着时间的流逝，营地大街也由于冲积和填海造地成为内陆。昔日营地大街的辉煌商业地位已不复存在，但如今仍与新马路、十月初五日街等共同构成澳门重要的商业购物区。

（2）三街会馆

三街会馆，坐落于澳门营地大街的路口处，面积不大，却很有历史感。1730年在板樟堂市场西边建起的关帝古庙，成为澳门最早的救济组织——“三街会馆”所在地。

三街，旧指营地大街、关前街及草堆街。今据新发现的碑石记载，应为关前大街、石闸门街及草堆街。“会馆”则由三条街道的商行组成。三街会馆初设时为商人议事的场所，澳门的商贾们在此联络感情、沟通商情，也是清政府发布公告的重要场所。日子一久，三街会馆成为澳门人的议事场所。三街会馆作为商人会馆，却超越了一般工商团体所具备的功能。其中，在嘉庆十年（1805年），免疫接种牛痘的医疗技术传入澳门时，三街会馆是中国最早的痘馆。

◆ 20世纪60年代的三街会馆

三街会馆的建筑时间已无从考证，但据重修碑记载，三街会馆初修于清乾隆五十七年（1792年），于嘉庆九年（1804年）和道光十五年（1835年）分别进行第二次和第三次大修。在三街会馆开设之初，议事场与庙宇合一；后来最后一次大修才将在建筑旁增建了一间公所，与庙宇分开。

◆ 三街会馆

◆ 三街会馆，年尾还神

10. 伯多禄局长街（白马行）

伯多禄局长街在澳门半岛中部。西端接板樟堂街，东端至水坑尾街。伯多禄局长街修成于1917年，是澳门的第一条水泥路。

（1）一街三名

伯多禄局长街最初叫“医院街”，因为其东端有一所圣辣法耶医院（又称白马行医院，初建于1567年，后经几次重建，1973年停业）。到19世纪，街内有一家代理洋酒的洋行，门前挂一大幅广告

◆ 白马行

画，上面是洋酒的红底白马商标。因为早期居民认为医院是不祥之地，所以他们把该街叫作“白马行”。1869年7月，市政当局正式公布该街为“白马行街”。到1942年6月，议事公局（即今市政厅）为纪念曾任局长的伯多禄（Pedro Nolasco da Silva）诞生100周年，公布把此街改名为“伯多禄局长街”，但至今不少市民仍叫它“白马行”。

伯多禄是Pedro的粤语对音。伯多禄家族为澳门20世纪初的望族。伯多禄为地道的“土生”，1842年6月6日在澳门出世，1912年10月12日逝于澳门，享年70岁。伯多禄曾是中葡关系史上一位重要的“幕僚”，早年《中葡友好通商条约》尚未最后拍板时，他于1887年以翻译身份陪同葡萄牙特命全权公使罗纱入京谈判换文事宜。1909年任香港澳门勘界会议葡方代表团“翻译官”。中葡谈判失败后，双方会签的《会勘澳门及其属地界务第九次会议简明议案》中载，中方钦差大臣高而谦对其赞赏有加：“伯多禄通晓中、葡、法三国语言，遇事口译襄助良多，勘称嘉美。”他曾在数所学堂执掌教鞭，著述甚丰，且主编数份报刊。仁慈堂史簿留名。1903年起，他获选先后担任今市政厅副主席及主席之职。至于其局长之称，则源于其担任市政厅副主席。今市政厅于21世纪初称“议事公局”，其主席便以局长相称。这一历史称谓“石化”在市政厅周围一组地名中，如公局市前地、公局市场巷（公局市横巷、公局市横街）、公局新市东街、公局新市西街、公局新市南街及公局新市北街。另外一条被命名为“卑度路街”，其葡语名称为“Pedro Nolasco”。这位“卑度路”与“伯多禄”实为同一人。1882年11月15日，在其弟Miguel Airesda Silva的倡议下，当时总督决定将内港新填地一新辟道路命名为“卑度路街”。

（2）白马行医院

白马行医院的前身是澳门贫民医院，是澳门历史上第一家医院，由澳门第一任天主教领袖卡内罗（D.Belchior Carneiro）于1569年（明隆庆三年）创办。1747年，医院因破败不堪而由澳门政府出资将其重建，成书于1751年的《澳门纪略》称之为“医人庙”，1766年医院再次翻新。1840年贫民医院开始扩建，直至1842年完工。扩建后的医院正门上辟一个神龛，内中置圣徒传记中病人保护神圣拉法尔（S.Rafael）像，故该所医院改名为圣拉法尔医院（Hospital de S.Rafael）。直至19世纪医院所在街被称为白马行街，医院也随之称为白马行医院。

澳门贫民医院是中国第一所具有天主教背景的西式医院。该院由仁慈堂管辖，最初是与仁慈堂设在一起的，17世纪后从仁慈堂分离出来，在水坑尾城门边新建医院，后又经过多次重建、翻新、扩建。澳

◆ 白马行医院

◆ 白马行医院

门贫民医院从原先收留社会的“鳏寡孤独”的收容院逐渐转变成为具备医疗功能的近代医院，成为市民就医机构。

（3）国华戏院

位于伯多禄局长街东端，有一座红色的建筑物，这里就是昔日的国华戏院。国华戏院于1931年建立，最初由中葡商人合资，于4月13日举行开幕礼，首映外国影片为《爱的巡礼》。由于当时的域多利戏院和平安戏院就在附近不远处，所以有不少人都会在这里游逛，选择戏片，而且以青年学生、文员及外国人为主。此外，国华戏院也被当作音乐演奏的场所，如1931年11月22日，施奈德（Schneider）三人演奏团在国华戏院举行演出。演奏员由奥地利小提琴家雷雅·瓦斯奇特斯（Remja Waschitz）、大提琴家沃尔方·施奈德（Wolfang Schneider）和钢琴家阿纳托尔·维斯廷霍夫·舍尔（Anatol Wiestinghoff Scheel）男爵组成，演奏莫扎特、莱米奥、肖邦及布歇尔的曲子。这是国华戏院第一次上演具有世界声誉的音乐会。[①]后来国华戏院因股东间的意见不合曾一度停业。20世纪60年代以上映邵氏出品的国语片及粤语片、外国影片为主。1987年8月1日停业，并被改为商场。1991年将顶楼作为微型戏院，于1997年9月1日正式关闭。

（4）濠镜阅书报社

在今国华戏院对面，曾屹立着一座三层高的楼房，根据记载，这里“石台高筑，土栏围绕，下面凿了一口大井，泉水清溢，台上建有大屋两间，其中一间是三层大楼，两翼前伸，屹然雄踞”，这里就是当年澳门同盟会支部——濠镜阅书报社。

清末，孙中山在全国各地进行革命活动，1906年在香港成立同盟会分会后，随即派会员往澳门发展。1909年在澳门创办培基学堂。1910年在谢英伯、高剑父的策划下，在南湾街41号成立同盟会。为了方便展开会务，次年成立濠镜阅书报社，并将同盟会会址迁往该处。濠镜阅书报社由卢怡若以绅商资格，取得澳门政府立案批准，向澳门各界人士招募捐书，同时公开征求社员，然后在社员中秘密发展成同盟会会员。在濠镜阅书报社的成立典礼上，有两三百人出席大会，而当时就读于培基学堂的学生最为踊跃。同盟会女会员赵连城在《辛亥革命回忆录》中说道：“当时支部的主要负责人还有：卢怡若、刘公裕、陈峰海、刘卓凡、陈卓平、林了依、梁倚神、刘大同等……那时阅书报社，实际上已成为同盟会的一个半公开的机关……阅书报社的工作，持续了半年多，后来广州光复，主要负责人都先后回内地，

① 施白蒂：《澳门编年史：20世纪（1900—1949）》，金国平译，澳门基金会，1999，第252页。

社的组织，便无形中陷于涣散。”[①]澳门同盟会解散后，楼宇便被拆除，成为现在所见的一般住宅。

11. 赵家巷

由新埗头街附近庇山耶街之间起至营地大街止。

赵氏家族

赵家在澳门曾先后有两个家祠，一在望厦村，一在赵家巷。位于赵家巷26号的赵家大屋，是在第二十八世赵仲开（1838—1895年）时迁入的。

澳门赵氏家族源出北宋太宗皇帝赵匡胤一脉，至明洪武十九年（1386年），第十二世赵友直（字彦方）先任福建南平知县，后任香山知县，并于任期内去世，从此赵氏一族立籍香山。明末崇祯年间，第二十二世赵友璧（号英玉，1642—1715年）与其母刘氏，由上栅迁居当时恭常都望厦地方。这是赵氏定居澳门之始，其后赵氏家族在澳门开枝散叶。考虑到1662年迁海令的影响，赵氏一族迁居望厦应在1662年之后。

赵氏家族作为澳门大家族之一，在澳门历史上的文化、政治方面

① 赵连城：《同盟会在港澳的活动和广东妇女参加革命的回忆》，中国人民政治协商会议全国委员会文史资料研究委员会编：《辛亥革命回忆录》第2册，北京：文史资料出版社，1962，第308页。

具有深远影响。赵氏迁居望厦后，世代事儒业，刻苦攻读，坚持走科举之路。赵家巷赵瑞春堂的赵家大屋内保留着“父子登科”一匾，记录赵元辂、赵允菁先后于乾隆丁酉科（1777年）、嘉庆辛酉科（1801年）中举的美事。

赵允菁，赵氏家族第26代，赵元辂的长子，早年中举后一直以教育为业。未出仕之前即在澳门办有学塾，曾望颜即从其学于澳门；后又在香山县凤山书院任主讲，收门人甚多。他一生以教育为己任，成为岭南著名的教育家。赵允菁著有《书泽堂文稿》，并还撰写了《沙梨头社稷记》《重修澳门永福古社碑记》《重修普济禅院碑志》等碑文，为澳门的历史研究留下珍贵的资料。

赵氏家族也积极参与澳门的政治、经济等社会活动，成为当时澳门人中极具影响力的代表人物。如赵元儒（赵元辂之弟）、赵允菁曾联同澳门绅商向香山知县彭昭麟禀请更换澳门兵头，致函澳门议事会挽留澳门执事官。赵允菁又参与扩建普济禅院，撰有《重修

◆ 赵家巷

澳门望厦村庄普济禅院碑记》，并多次就开设鸦片馆、民居防火、私占官地等事宜禀呈香山县丞。为了表彰赵允菁的功绩，道光皇帝诰封其父赵元辂为“修职郎”，诰封其母张氏为“八品孺人”。其后，赵允菁之子赵勋（字宗屏，1790—1851年）和鲍俊参与了策划沉志亮刺杀澳督亚马留之事；赵仲开（1838—1895年）报请澳门政府，派遣兵舰截回贩运苦力的船只；赵士乐（1890—1954年）出任镜湖医院值理会值理，参与抗日救亡的工作。由此可见，赵氏家族在当时澳门社会中的重要作用。

12. 板樟堂街

板樟堂街在澳门半岛中部，西端由板樟堂前地起，东接伯多禄局长街止，长165米。板樟堂街之名刊登于1869年7月26日《澳门宪报》，Rua de S. Domingos。板樟堂街约修建于16世纪下半叶。

（1）板樟堂

板樟堂（圣母玫瑰堂）建于1587年，是澳门最古老的教堂之一，由多明我会教士兴建。教士初来时，由于经费有限，只好用木头简单架起板樟作屋室。所以附近区域被称为板樟堂区。1644 年因反西班牙事件发生，教堂遭捣毁，不久重建，改为砖木结构。1829 年再度修缮，由一位擅长建筑的西班牙神父参与工程建设，奠定了今日的规模。《澳门纪略·澳蕃篇》中有记载：“板樟庙，相传庙故瘠隘，贫蕃析樟板为之，今壮丽特甚。”1825年钱纳利绘制的水彩画生动描绘

◆ 板樟堂街

了板樟堂及教堂门前的景象，壮丽的教堂门前有摊贩摆卖，熙熙攘攘形同墟市（见下右图）。21世纪初，板樟堂街仍很狭窄，靠近卖草地街附近，路面崎岖不平，途人横过，每每大步“缆”过，人们习称该处为“大步缆”，今已鲜闻。

1894年，清政府下令禁闭圣母玫瑰堂。此后，其用途多次变更，20世纪时变得面目全非，经过一段时间后，教堂只剩下部分附属物，整座教堂像“危楼”一样，十分危险，因此在1994年5月1日停止对外开放。1996年，澳门行政机构决定维修板樟堂，整项工程耗资1100万澳门币，由政府资助，1997年1月工程完成，随后在政府和教友支持

◆ 板樟堂

◆ 1825年钱纳利绘板樟堂水彩画

下开展了“圣物宝库”永久展出，教堂的重新开放，加上交通位置优越，使得板樟堂街成为游客必到的胜地之一。

（2）曾位于板樟堂街的机构

板樟堂街由于其重要的地理位置，吸引了几个学校在此设点，主要有1882年开设的官立议事公局中心小学、创办于1899年陈子韶的子韶学塾、1916年由陈子褒女弟子曹美琼创办的维德女学校。

市官立小学：1882年9月1日，坐落于板樟堂街17号的市官立小学在澳门建成。[①]11月1日，官立议事公局中心小学正式开学，教师为特奥多西斯奥·罗德里格斯（Teodósio José Rodrigues），月薪50澳门元，

① 施白蒂：《澳门编年史：19世纪》，姚京明译，澳门基金会，1998，第227页。

经费由澳门议事公局承担。1883年9月，与中央女校（Escola Central do Sexo Feminino）合并，并于9月3日开学。学校分为初级教育和中级教育，初级、中级教育内又各分低、高两级。路斯维森特·耶苏（José Vicentede Jesus）、帕特里西奥·路斯、玛丽亚·多雷斯（Mariadas Doresda Costa）及埃特尔维拉·伊斯玛丽亚（Etelvira Ism·liade Sena）分别被聘为该校中级和初级教育教师。1884年后，中级教育分为低、中、高三级。学校初设于圣若瑟修院内，并由该院负责课程设置。1889年开始有自己的学制，但部分课程仍在圣若瑟修院内教授。1890年9月7日，该校迁往位于岗顶斜路的新址。

子韶学塾：1898年，戊戌变法失败，陈子褒先生因追随其师康有为变法，故东渡逃至日本。在日本期间，遍查日本各地小学教育情形，遂于1898年回国至澳门，在荷兰园正街83号创办“蒙学书塾”，继改称“子褒学塾”，其胞弟陈子韶则在其邻屋创办“子韶学塾”。子韶学塾后来迁往板樟堂街国华戏院现址，改名为沃华学校。[1]

维德女学校：1916年，陈子褒女弟子曹美琼在子褒先生的影响下，捐出私人积蓄数千金，在澳门板樟堂街创办“维德女学校”，还独力支持子褒先生始办的“赞化义学”的最后两年。“赞化义学”停办后，她不忍贫童失教，再办“维义义学”附设于“维德女学校”内。后该校迁址卖草地街（Rua da Palha）19号。

除学校外，板樟堂街还曾设有澳门妇女慰劳会。1937年9月11日，由国民党中央执行委员会委员邹鲁的夫人梁定慧倡议组织的“澳门妇女慰劳会”（后更名为中华妇女会）正式成立，富商毕侣俭夫人

① 王文达：《澳门掌故》之《维新之塾师——陈子褒兄弟》，澳门教育出版社，1999，第317页。

莫翰声担任主席，主要成员有张瑞英（商会主席徐伟卿夫人）、崔瑞琛（富商崔诺枝之女）、徐焕容（知名女西医）、杨惠馨（富商陈声始夫人）、廖奉灵（协和女中校长）等25人。妇女慰劳会会址设于板樟堂街5号，主要目的在于筹款救灾、赈济难民，由会员缝制棉衣送返内地，并与各界救灾会互相支援，为回内地服务团提供经费与物品，推动救亡赈灾运动。

13. 加思栏马路

加思栏马路，由罗理基博士大马路和南湾街之间起，面对葡京路和贾罗布大马路，至白头马路止。

加思栏马路修建较早，在1865—1866年的澳门地图中已绘出该马路（见下图）。但加思栏马路一名（Estrada de S. Francisco）直至1874年

◆ 1865—1866年地图中的加思栏马路

◆ 加思栏马路

才出现于《澳门市街道名册》中，并未载明其具体位置。1906年《澳门市街道名册》中载明加思栏马路的位置为由南湾街至白头马路。

（1）加思栏马路得名

加思栏一词来源于葡文S.Francisco（也可译作圣方济各）。1508年，西班牙方济各会在此地设立修道院，其名正是圣方济各。以现代的翻译准则来说，“S.Francisco”几乎不可能译为“加思栏”。据史料记载，于明末清初时期，有一名朝廷官员到澳门视察，并由一名懂中文的葡萄牙神父做翻译。当巡至圣方济各修道院时，朝廷官员询问该地名，该神父则以音译读出“法栏思加”四字，及后写出来时又将“法”字略去，成了“栏思加”。但西方书写习惯（左至右）与当时汉字（右至左）的排序不同，故朝廷官员就误认为是“加思栏”了。

（2）加思栏花园

加思栏花园（又名南湾花园）（Jardim de S. Francisco），位于澳门东望洋新街以及兵营斜巷交界，是一座历史悠久的公园，其历史价值已为澳门政府所评定。因毗邻昔日加思栏兵营，故通常被称为加思栏花园。加思栏花园建成于1865年，是在方济各修道院的旧址上建成的，在花园中还修建了一座音乐亭和一座喷水池，这是澳门城市第一个对公众开放的政府公园。加思栏花园建成后，立即成为澳门城市名副其实的聚会地，整个花园就像一座大厅，既可以举行文艺活动，又可以进行野餐。[①]

◆ 加思栏花园（约1890年）

① 阿泽维多（Cndido do Carmo Azevedo）：《19—20世纪之交澳门和果阿的浪漫主义与体育运动》，载《文化杂志》第53期，2004，第78页。

◆ 加思栏花园

14. 家辣堂街

由水坑尾街起，面对美丽街，至南湾街加思栏花园和陆军俱乐部之间处止。该街名刊登于1869年7月26日的《澳门宪报》中。

（1）家辣堂街得名

家辣堂街得名于东侧的家辣堂（Mosteiro de Santa Clara）。1633

年11月5日，来自马尼拉的六名圣克拉拉（又译圣家辣）修女抵达澳门，受到澳门人的热烈欢迎。1634年4月30日，澳门议事会在东望洋山麓，今南湾街与水坑尾交会处建起了一座圣堂，奉献给“无原罪圣母”，该堂称为圣家辣堂。该院从明末开始向澳门本地妇女传教，并招收幼女入院学习，培养本地的修女。由于当时教堂只许妇女进教祷祀，修院收容许身天主教的女子潜修，如佛教的尼庵，所以被称为

◆ 家辣堂街

"尼姑庙"。《澳门纪略》有记载："尼姑庙，在澳东北。扃钥严毖，女十岁以下许入庙，终其身不复出，虽至亲不能入视。"[1]

此街是澳门古老的街道。经金丰居士考证，该街最初被称为"家辣堂前地"，且是澳门最早以"前地"冠称的小广场。早在1633年，就见标注于欧洲的传教堪舆图上了。金丰居士所说的"家辣堂前地"即圣方济各堂的前地，家辣堂与圣方济各堂相邻，将其称为"家辣堂前地"也不算错，但圣方济各堂的历史更为悠久，且葡文文献中多以圣方济各堂前地称之。1634年是圣家辣堂的建成时间，前地的始建时间有待考证。

（2）历经沧桑的家辣堂

昔日的家辣堂位于南湾之畔，是一片清静优美之地。"由堂前石级延至南湾水边，又有石阶护岸，俨然埠头，广场平坦，用卵石铺就，莎草生隙，宛如镶边，场边水沿有十数丛修竹，舞弄海风，篁声箫箫，甚为清迩。"可惜，这样的优美画面只能从前人留下的文字中去想象。

17世纪后半叶，澳门天主教中各教会互相倾轧，其中耶稣会势力最大。后来，在罗马教廷和葡萄牙教会的强烈干预下，耶稣会在远东的势力被查禁，且被逐出天主教廷。澳门当局勒令解散澳门耶稣会，没收其财产，并把教士全部递解出澳门。与此同时，澳门对其他教会教派进行清洗、清算，圣方济各会也难以幸免。圣家辣会女修院因隶属于圣方济各会，而被澳门当局抄没，女修士全部被逐离澳门。此后的十几年，

① 印光任、张汝霖：《澳门纪略》，赵春晨校注，澳门文化司署，1992，第150页。

◆ 圣罗撒女子中学（约于1950年）

家辣堂及女修院被荒置。直至澳门将此地拨给加思栏兵营做“陆军总部”，教堂则做“兵营圣堂”，如此这般数十年。谁料1824年陆军总部发生大火，火势猛烈，家辣堂及女修院被全部烧毁。但其宏伟之石阶，至今仍保存着，其遗址即今日之圣罗撒女子中学校址。

1826年圣方济各会获准重返澳门，圣家辣会的女修士们也跟着重返澳门，她们回来后立即着手重建家辣堂。三年后，家辣堂重现南湾畔水坑尾街前。[1]这时，澳门政府将原“家辣堂前地”改辟为家辣堂

① 王文达：《澳门掌故》，澳门教育出版社，1999，第114页。原文：“至一八二六年始筹募重建，嗣是尼姑庙廼再出现于水坑尾街前。”

街，割下的土地用作建房舍商铺。

（3）澳门美国商会

家辣堂街北端与水坑尾街交界处，在清道光年间有一栋三层的洋楼，楼后有花园与圣家辣堂会女修院相接，这就是著名的澳门美国商会。

澳门美国商会在当时还兼行美国驻澳门领事馆之职。历史上，这里曾给首批赴美的官费留学生办理签证，其中就有中国留学美国的第一位留学生——容闳。此地也曾接待过首批美国传教士，中国第一所传播西学的近代体制的学校——马礼逊学堂的学监布朗博士，就曾寄居在澳门美国商会近三年之久。

15. 罗保博士街

罗保博士街位于澳门半岛大堂区中部之西北、南湾的东北边，西南端由苏亚利斯博士大马路起，沿途交有殷皇子大马路、马统领围及马统领街，东北端在南湾巷与南湾大马路交界止，长约185米，宽约14米。这里是20世纪30年代南湾填海工程所产生的土地，在街道建成之初，它的东北端只到达马统领街，全长只有约150米，后来才延长至现在的185米与南湾巷相接。此后街道上陆续出现新厦，店铺林立。20世纪90年代，罗保博士街被当局重新规划为停车区至今。

（1）罗保博士

街道名称是以解决澳门在第二次世界大战（以下简称“二战”）时的粮食问题贡献甚多的罗保博士命名，而街道命名当日，罗保博士更是获得荣誉市民的称号。在“二战”时，虽然澳门没有被直接卷入战争，但对当时的澳门仍造成了颇大影响。在“二战”前澳门人口不足15万，但在1937年抗战全面爆发后，上海、广东和香港等地的难民纷纷涌入澳门，当时来澳的难民有相当一部分是外国人，导致澳门人口暴增，至1940年人口升至40万。

由于人口暴增，加上当时的战争使对外交通大受影响，澳门的

◆ 罗保博士街

粮食供应便逐渐变得紧张。当时任经济主管的罗保博士（Dr. Pedro José Lobo）便与戴思乐总督商讨对策。

◆ 罗保博士像

罗保在1892年1月12日生于帝汶，四岁时随养父定居澳门，1927年开始当公务员。为解决澳门的粮食不足等问题，罗保博士便与一些宗教团体合作组织派米中心，而且捐献了自己的大部分财产。至战事结束，澳门人口急降回15万。另外，罗保博士又提倡文化活动，成立了音乐文化协会和绿邨电台。1956年9月18日，澳门市政厅召开市政会议，将位于殷皇子大马路中间的一条新辟街道命名为“罗保博士街（Rua do Dr. Pedro José Lobo）”，以纪念罗保博士的功绩，并于10月18日刊宪落实。在街道命名典礼中，罗保博士荣获澳门荣誉市民的称号。后来罗保博士移居香港，1965年10月1日在香港逝世。

（2）澳门广场（旧南湾戏院）

澳门广场被殷皇子大马路、罗保博士街和苏亚利斯博士大马路围绕，原为南湾戏院的旧址。

◆ 南湾戏院

南湾戏院建成于1964年，在该年的11月20日开幕，戏院内共有约1600个座位和一个达60尺的弧形宽阔大银幕。20世纪90年代，澳门戏

◆ 1967年的南湾戏院

院业市道不佳，南湾戏院终在1995年元旦结业。南湾戏院结业后，原址拆卸重建为28层高的幸运神商业大厦，还设有地库停车场。后来大厦再改建为现在的澳门广场。

风顺堂区
（圣老楞佐堂区）

风顺堂区（圣老楞佐堂区）位于半岛西南段，三面环水，北邻大堂区。面积只有0.9平方公里（占半岛13.4%），人口4.56万，人口密度每平方公里50904人。

堂区历史

北面沿新马路及其南侧街道是与大堂区相连的繁荣商业区的一部分。东岸是货运码头带，南段有澳门最大的集装箱码头。往内是作为旧海岸的河边新街，过去一直是渔船的主要停泊地，因此鱼栏，海产品、船具和渔具供应店不少。再往内直至下环街之间是澳门第一批填海区之一，是古老的工商业与居住混杂区。

该区是澳门开发最早的地区之一，在1893年8月5日的《澳门宪报》中刊登了第128号札谕，是首份颁布的关于澳门半岛行政区划的法律文件，该札谕写道："照得所有澳门公钞事宜，应即行将本澳地方分列坊数，以便条晰办理，俾免窒碍。"因此，合行将澳地定分为三坊：一为圣老楞佐坊，即俗名风顺堂约；二为大堂坊约；三为圣安多尼坊约，即俗名花王堂坊约。

◆ 圣老楞佐堂

堂区范围

风顺堂区包括20世纪80年代末进行南湾湖填海的整个妈阁半岛，包括妈阁山、西望洋山、新马路以南部分。

西望洋山位于澳门半岛西南部。海拔62.7米。西临内港，东北隔南湾与东望洋山相望，南接妈阁山。山顶有建于1622年的圣母堂和1935年加建的主教府，所以西望洋山俗称主教山。

西望洋山建筑雄伟、瑰丽壮观。山上绿树婆娑，景色优美，有不少南欧建筑风格的别墅，是澳门的高级住宅区之一。1890年开业的峰景酒店（Hotel Bela Vista）就建在西望洋山的东麓。西望洋山也是风景幽雅之地，山顶耸立有教堂和主教府。从南西湾远眺，教堂等建筑屹立于山峰之巅，巍峨壮观。傍晚，建筑物背光而立，像剪影似的轮廓镶嵌在云端，庄严秀丽。山顶环境静谧，凭栏远眺南西湾一带，层楼栋栋，南海滔滔，碧空帆影，大桥跨海，风光旖旎。

妈阁山位于澳门半岛的南端，因妈祖阁而得名。海拔73米。东、南、西三面临海，北接西望洋山。山上郁郁葱葱，环境优美。西南麓有古炮台改建成的圣地牙哥酒店。东麓和南麓建有不少依山面海的高级住宅。

南湾自1863年起几经整治，进行填海造地、辟路建楼、围筑堤栏，呈现出了现代繁华新面貌，著名的葡京酒店等建筑物均在此地段。

西湾，面临大海，背依西望洋山，与南湾相连。长堤悠悠，蜿蜒伸展，榕树成荫，风光旖旎。倚岸远眺，海鸥在辽阔无际的海空中飞翔，船只在碧波浩渺的海面上穿行，日出日落，霞光辉映着如虹的大桥，景色如画，富有诗情。

◆ 夜色下的西湾

1. 岗顶前地

岗顶前地，位于三巴仔横街附近，从这里可经东方斜巷和市政厅旁的苏鸦利街通往新马路，戏院斜巷通往龙嵩街，岗顶斜巷通往红窗门街和天通街。周围有圣若瑟修院及教堂、岗顶剧院、圣奥斯定教堂和何东图书馆，它们都属澳门世界文化遗产中最古老的西式建筑，是中西合璧的代表作。

◆ 岗顶前地

（1）岗顶旧称

岗顶，古称磨盘山，地势高斜，往昔附近一带都是低矮的平房，立在岗顶可俯览周围的景物。清代诗人丘逢甲途经澳门，曾寓居此地，写了一首夜观南湾景色的七绝：

楼台金碧拥南环，灯火千门夜不关，
满地烟花春似锦，三更人立磨盘山。[①]

岗顶前地的葡文名称“Largo de Santo Agostinho”源于附近的圣奥斯定教堂，这显然与圣奥斯定教堂修建最早有关。早在明万历十四年（1586年），圣奥斯定教堂（俗称龙嵩庙）就已建成。清咸丰九年

① 丘逢甲：《岭云海日楼诗钞》，上海古籍出版社，1982，第158页。

（1859年）澳门葡萄牙人在此建了一个俱乐部，为昔日葡萄牙人聚会联欢之所，俗称岗顶波楼（岗顶剧院）。

（2）圣若瑟修院

圣若瑟修院大楼和圣堂俗称为“三巴仔”或“小三巴寺”。因为圣堂和圣保禄教堂（现大三巴牌坊遗址前身）同为耶稣会创建，以作为培养东方传教士的学堂，同时进行宣传天主教工作，而且后者规模仅次于圣保禄教堂，圣保禄教堂当时被俗称为“三巴寺”，所以后者称为“三巴仔”。据搜集的资料可知，从1784年起，修院被称为“北京主教管辖御修院”“修士团体之家”“皇家教育进修所”“澳门圣若瑟利宵修院”等。

◆ 圣若瑟修院（约19世纪90年代）

圣若瑟修院专为培养赴中国内地及东南亚国家传道的神职人员。由佐治味基（Jorge Miguel）向耶稣会捐赠的两间小屋发展而来，改建后于1728年2月23日，称作“圣若瑟修院”。[①]1751年时开始兴建教堂，至1758年9月建成，负责该工程建筑设计者为罗沙（Hilário de Santa Rosa）主教，负责教堂工程者为沈若望（João Simões）神父。李鹏翥先生的《澳门古今》所述：“这是200年前的

① 陈继春著，吴志良主编《钱纳利与澳门》，澳门基金会，1995，第89页。

小山丘，葡人称之为‘不祥之林’的乱葬岗。但在这里的高处，可以看到东望洋山与西望洋山， 两山遥遥相对，正符合了耶稣会选择高地兴建教堂的原则。”①

◆ 圣若瑟修院（约19世纪90年代）

◆ 圣若瑟修院门口

① 李鹏翥：《澳门古今》，广东旅游出版社、三联书店（香港）有限公司联合出版，1990，第122页。

圣若瑟修院是澳门历史上最主要的教育中心之一，并于1800年被授予“皇家修道院”的称号。如果说圣保禄学院的创办主要是为日本培养传教士，那么圣若瑟修院则主要负责培养派往内地的传教士，是继圣保禄学院之后，澳门第二所早期知名的高等学府（圣保禄学院停办后，成为澳门唯一的高等学府），在天主教对华传播史以及澳门教会史、教育史上均占有重要地位。

◆ 1582年，利玛窦等人抵达澳门。利玛窦在澳门时进修汉语，浏览中国书籍，以求通晓中国文化。此利玛窦铜像现立于圣若瑟修院，身穿明朝医师服饰，突显了利玛窦在中西文化交往史上的卓越贡献。

（3）圣奥斯定教堂

圣奥斯定教堂，又名龙嵩庙、龙松庙。据创建该教堂的曼里盖（Frei Francisco Manrique）记载，由西班牙奥斯定修士于1586年修建的第一所修院原是一栋用木板和茅草搭起的简陋房舍。该修院于1589年转属葡萄牙教士，1591年迁至现时岗顶前地的位置，并在那里建起了一座教堂。1872年3月27日，教堂与军医院之间的墙体倒塌。于1875年开始重修，遗存至今。该教堂在历史上数次被作为教区教堂，并且以其历史和艺术价值成为重点保护文物。

◆ 圣奥斯定教堂

教堂位于岗顶，因此澳门居民多称它为岗顶教堂。昔日也称为“龙松庙”，此名应出自《澳门纪略》：“龙松庙者，在澳门北，初就圯，或覆之以蓑，鬅松如鬌龙，后钟不击自鸣，众神之，恢崇其制，仍呼为龙松庙。”[1]相传是在1623年澳门第一任兵头马士加路也（Francisco M.）来澳门时，因和澳门的葡侨不和，并受到葡侨的排挤，被逼居于教堂内，葡侨便在中央炮台的位置向圣奥斯定教堂发炮，教堂被炮轰后，损毁严重，教士以葵叶覆盖教堂顶部，其后每逢风吹雨打，葵叶被风吹起，远望貌似龙松，因而被澳门居民称为“龙松庙”。又有一说是这教堂十分简陋并日久失修而荒废，教士以葵叶盖之，如上文所说称为龙松庙，后来变化成了龙嵩庙，这也可能是龙嵩街的由来。

① 印光任、张汝霖：《澳门纪略》，赵春晨校注，澳门文化司署，1992，第150页。

（4）岗顶剧院

岗顶剧院，俗称岗顶波楼，又称马蛟戏院，葡文名为伯多禄五世剧院（Teatro Dom Pedro V），建筑体现了新古典主义风格。剧院分为剧场和餐厅、舞厅三部分，是当年葡萄牙人社交活动的重要场所，也是中国的第一所西式剧院。

◆ 1908年的剧院

这座最早的葡萄牙人剧院，始建于1858年，由澳门葡萄牙人集资兴建，但当时只建成主体部分，至1873年才加建具有新古典主义建筑特色的正面部分。其后曾多次维修，并因白蚁蛀蚀关闭了接近20年。1993年修建后重开。及至2001年内部又重修。据《文化杂志》记载："担任设计剧院和主持施工的，乃澳门土生葡人伯多禄，他虽只是议事公局的文书，既不是规划师，也不是工程师，然而，凭着他的智慧和才干，由他构思设计和主持施工的岗顶剧院，却甚具特色，不仅具欧洲剧院的建筑风格，且符合澳门环境，非常适宜剧团的演出，而在剧院正门入口大堂，还悬挂着伯多禄五世国王和设计者的肖像以资纪念。"①

① 梅士敏：《岗顶剧院一百二十年》，《文化杂志（中文版）》第4期，澳门文化司署，1988，第93页。

◆ 岗顶剧院

◆ 20世纪50年代的剧院舞台

（5）何东图书馆

何东图书馆原为官也夫人（D. Carolina Antónia da Cunha）别墅，建于1855年，后又经几次易主，分别是周东生（Chau Tung Shang）、

◆ 何东图书馆

Miguel Rodrigues Morgado及其遗孀Eugénia Marques Morgado，辗转被香港富绅何东爵士于1918年2月27日以1.6万港元购入用作别墅，题名为“何东楼”。在1941年到1946年间，何东因战乱来澳门避居，就是住在这里。何东爵士于1955年逝世，其后人根据他的遗嘱，将此大楼赠予澳门政府以发展公共图书馆，并留下2.5万港元购买图书。何东图书馆于1957年成立，并于次年8月1日正式对外开放。

大楼建筑虽为西式，内部装修摆设却有浓厚的中国古典书斋风格。

岗顶前地面积虽不大，但环境清幽典雅，且拥有丰富的人文与宗教景观，置身其中，让人感到无比悠闲、舒适。在2005年，岗顶前地、圣若瑟修院、圣奥斯定教堂、岗顶剧院、何东图书馆均列入联合国颁布的“世界文化遗产名录”的“澳门历史城区”中。

2. 风顺堂街

风顺堂街，因有天主教堂风顺堂而得名。这座教堂建于明朝隆庆年间，迄今已有400多年历史，因而风顺堂街也是澳门一条古老的街道。

风顺堂街不仅是澳门最古老的街道之一，还是澳门最曲折的街道之一。它在一个小交叉路口同龙嵩街连接，然后通往风顺堂。这一段街道很狭窄，教堂优美的新古典主义前壁和教堂左右的钟楼在街的右边，看它的角度比较弯曲。风顺堂坐落在一个近一层高的高台上，显得分外挺拔。

◆ 风顺堂街

（1）风顺堂（Igreja de Santo Lourenço）

风顺堂原名圣老楞佐堂，又称风信庙，建于明朝隆庆年间（1567—1572年），为澳门三所最古老的教堂之一。风顺堂内摆设圣老楞佐塑像，澳门百姓认为圣老楞佐是庇佑平安、赐予风信的海神。《澳门纪略》记载：澳“西南则有风信庙，蕃舶既出，室人日跂其归，祈风信于此。”文中之风信庙就是圣老楞佐堂，习称风顺堂，因信、顺音近，且此中含义相似，故并行不悖。

风顺堂名称的由来，一般有两种说法：第一种说法是因风讯杆而

◆ 钱纳利画风顺堂前的水井（1840年）

得名，圣老楞佐堂初期设有风讯杆，故澳门人称之为风讯堂，后来又讹音为风顺堂。[1]第二种说法是因祈祷风信而得名，“风顺堂，原名风信堂，但此是一般人的习称，正名是圣老楞佐堂，这座教堂之所以称为风信堂，是因昔年来澳葡萄牙人的家人，也多在此祈祷风信，希望亲人的商船在出海时顺风顺水，平安归来”，信和顺的发音相近，因此后来演变为风顺堂。圣老楞佐堂与圣安多尼堂及望德圣母堂，同为澳门历史最悠久的教堂。

① 林家骏：《澳门教区历史掌故文摘》，澳门主教公署，1982，第18页。

◆ 风顺堂钟楼双峙

最早期的建筑，据说是耶稣会教士在葡萄牙人于1558—1560年定居澳门期间所建。当时为木建筑，1618年改建成一座花岗石教堂。1768年重建，1844年再次改建，形成今日的规模，于1846年1月25日正式启用。1979年，教会曾有意在庭院内兴建主日学及活动中心，但最后还是决定保留这个富有特色的庭院而没有兴建。2006年底，教堂经过大规模维修，加装空调设备，并于2007年8月5日重新开放。

（2）风顺堂街今昔

今天的风顺堂街虽平平无奇，但昔日却是高级的住宅区。19世纪，许多欧洲富商（尤其是英国商人）住在附近一带。当时可见到穿着传统服装的外国妇女在街上和教堂的台阶上走过，有时会有手持太阳伞的仆人陪伴。在澳门还没有自来水的几个世纪里，许多人会去风顺堂街教堂附近的公用水井取水。

随着时间的推移和环境的变迁，旧时的景象在这条古老的街道已不复存在。如今风顺堂街不少残破的旧楼已拆建成新的大厦，旧时外

◆ 风顺堂街景（C.GrahamSketches in China，伦敦，1840年）

国人比邻而居的常见景象，已经不在风顺堂街上出现，但一些熟悉风顺堂街历史的老居民，还可依据一些老旧的建筑，溯源说出一些不为人知的故事。

1887年4月1日，拱北海关在澳门临时租用风顺堂街1号作为拱北海关的总关及税务司法来客的住宅。商务印书馆曾于1889年迁于风顺堂街，位于风顺堂街1号和风顺巷5号建筑物内。[1]1906年，缪元、邓意、萧培等在风顺堂街2 号设立公司一所，名曰“适安公司”。第二次

① 施白蒂：《澳门编年史：19世纪》，姚京明译，澳门基金会，1998，第256页。

世界大战期间，从1943年起在澳门开设了圣路易斯·贡萨卡学校，这是继南湾之后在风顺堂街创办的第一所学校，主要接收香港难民。二战结束后，这些人返回香港，该校也就关闭了。

（3）慈幼中学

慈幼中学原为澳门葡商高士德（António José da Costa）的私人住宅，1772年7月，英国东印度公司租用此宅，年租金为450西班牙元。因门前建有一列矮墙，有八对柱子，时人称之为“十六柱”，后来人们将它并连风顺堂街一起俗称为十六柱。又因英国东印度公司大班曾在此居住，又被称为英国东印度公司商馆，俗称为“红毛公司馆”。第一次鸦片战争发生后，澳门教会收购十六柱，作为教会的慈善和教育机构使用。1848年12月21日，十六柱住宅修缮后作为圣罗萨孤女院居所，直到1849年孤女院迁入奥古斯定修道院。1903年11月22日，在十六柱住宅创办恒毅书院，后于1910年关闭。1910年，十六柱住宅的两层木楼及屋后小山坡，被拨给圣母无原罪孤儿院（又称慈幼学校）作为新校舍。[①]

◆ 钱纳利绘“十六柱”

① 汤开建：《天朝异化之角：16—19世纪西洋文明在澳门（上）》，暨南大学出版社，2016，第562页。

3. 红窗门街

红窗门街，位于澳门半岛西部、风顺堂区北部，西南端由三巴仔横街起，沿途交有群兴新街、夜呣街与岗顶斜路、福隆新街等，东北端接营地大街与天通街交界。

◆ 红窗门街

◆ 红窗门街

（1）街名由来

街道的中文名称源于髹有红窗的城门。昔日澳门面积很小，所以澳门为抵御外敌入侵（尤其是荷兰人），筑起多道城墙，其中一道闸门就在这条街道的东北端，在今天通街与蓬莱里之间。

红窗门街与下环、妈阁等要冲地相通，城墙近海边的一段则有一道关卡，驻有税吏及汛兵，故此街道的葡文名称为Rua da Alfandega，意即关卡街。《澳门地理》记载："1622年（明天启二年）葡人为防卫计，于水坑尾三巴门间，建筑城墙一道，以自固守。至其墙围所经，为自今东望洋山顶天文台西侧起，下山，经水坑尾细井巷，上大炮台山，连接大炮台城，复下山，西括慈幼院，北绕白鸽巢花园，

◆ 1650年澳门城市图

经大三巴围营地街之西，南延由天通街经红窗门街过万里长城，妈阁庙之东北背，绕西望洋山东南坡以迄竹仔室海滨，足见当时葡人所占只限于三巴门城墙以南之地，至今墙界，尚断续可寻。”[①]红窗门街是澳门的城防要地，1810年成立的澳门城防部队“摄政王炮兵营”共设四个连，其中两个连驻扎在红窗门税馆（Casa da Alfandega），另两个连驻扎在大炮台。[②]时至1862年，城墙与闸门被拆除，但这条街道仍保留“红窗门街”街名。

（2）集贤酒店

1866年，澳门富绅王禄、王棣父子在发展福隆新街与清平直街

◆ 红窗门街华侨报附近

① 何大章，缪鸿基：《澳门地理》，广东省立文理学院，1946，第6–7页。

② 李长森：《明清时期澳门土生族群的形成发展与变迁》，北京：中华书局，2007，第284页。

一带期间，就在红窗门一带兴建铺户，渐渐地，街上商铺林立，有酒楼、旅舍，供商旅豪客居停饮宴，是澳门繁华之地。《华侨报》附近有一幢为红窗门街环绕的新厦，其地原为一家大酒店，初名“集贤”，后改名“南园”。1931年9月5日由合兴堂及其他股东创立的位于红窗门街的“南园（Nam Un）”旅馆转让给吕远堂。[1]

在澳门还没有电影院之前，曾有外国人携带放映机，在该酒店内架设银幕，放映电影，可谓首开澳门电影业之先河。虽然票价昂贵，但观众拥挤，皆为好奇之故。类似的旧楼，现多已拆除重建新厦，所余无多，也难免拆除命运，红窗门街将会旧貌换新颜。

（3）《诗声》编辑部

《诗声》为澳门雪堂诗社的月刊。据考证，雪堂当为目前可知澳门历史上第一个本土旧体诗社，是后来雪社的前身。“雪堂”之名取自宋人苏轼“东坡草堂”，以维系诗学传统、保存国粹为依归。雪堂召集人为澳门老同盟会员冯秋雪，雪堂由冯秋雪、冯印雪兄弟发起，社友均以“雪”为字形大小，取“师友多雪名，雪花征人瑞”之意。雪堂活动主要包括雅集、游览、聚饮、诗课与编辑《诗声》月刊等。其中《诗声》编辑部设在澳门红窗门街61号，每月一期，主要登载社友之诗话、笔记等作品，同时也选录清同济《周止庵词选序论》、南朝钟嵘《诗品》等词论、诗论。此外，还有一些竹枝词，对于了解当时澳门社会生活极具史料价值。

---

① 施白蒂：《澳门编年史：20世纪（1900—1959年）》，金国平译，澳门基金会，1999，第249页。

◆ 澳门雪堂诗社的月刊

4. 河边新街

河边新街在澳门半岛西南侧，北端在司打口接火船头街，南至妈阁庙前地。

街名由来

河边新街是在内港填海工程期间填筑而成，中文街名由此而来。内港填海工程始于1866年，直至1910年才结束。内港地区，包括北湾和浅湾。由沙栏仔街向南，经炉石塘、下环街至妈阁街，这一带叫北湾。由沙栏仔向北沿着沙梨头、新桥至莲峰庙一道，称为浅湾。

◆ 河边新街

填海工程结束后，内港的港口河岸线已经扩展到了沙梨头海边街—巴素打尔古街—火船头街—河边新街马路沿线，包括现在的提督马路、沙梨头海边街、新马路西端、快艇头街、新埠头街、柴船尾街、福隆新街、宜安街、下环正街等一大片广阔的区域，整条内港河岸线平滑连接起来，澳门半岛的面积增加了3.3平方公里，为以后内港重建打下了基础。葡文街名则来自1868—1872年第87任澳门总督，海军上将苏沙（António Sérgio de Sousa）之名。内港的填海工程持续了近半个世纪，河边新街在工程的初期已建成。据王文达《澳门掌故》载："据澳门下环坊福德祠之碑刻称'……境土加辟，同治七年，会海傍新筑基岸，绰然宽展'。读此碑记，确知河边新街一带地段是澳门于同治七年（1868年）开始填筑。"[1]但在1869年7月26

① 王文达：《澳门掌故》，澳门教育出版社，1999，第29页。

日《澳门宪报》刊登的街道中已有河边新街，如此看来，河边新街开始填筑时间应早于1868年。

◆ 20世纪60年代内港大船码头

后来由于继续填海，河边新街已不在河边，而且澳门半岛渔业日益衰退，这条街道的面貌也已发生很大变化。

5. 妈阁斜巷

妈阁斜巷，在澳门半岛南部，北接妈阁街，南连妈阁庙前地。在1869年《澳门宪报》刊登的街道名中就有妈阁斜巷（Calçada de Barra），属妈阁居民区。

（1）“万里长城”之由来

妈阁斜巷被当地人称为“万里长城”，有两种说法，一种说法源于其斜巷相当长，有如万里长城般，故曰其名。

另一说法，则由于澳门当局于明天启年间（1621—1627年）所修筑的一系列城墙。明天启二年（1622年），澳门当局为了加强澳门的防御，在西望洋山构筑了一系列城墙。城墙起点在今西望洋山圣母堂附近，分东西两翼向外延伸。东翼城墙沿东面山坡蜿蜒而下，直至烧

◆ 妈阁斜巷

◆ 西望洋山及南湾风光（约1890年）

灰炉炮台；西翼城墙分为南、北两幅。南幅城墙止于西望洋山圣母堂的西南山脊上，北幅城墙一直伸到那时还是海滨的妈祖阁海镜石。这些城墙均于18世纪中拆毁，后来原城墙下的妈阁斜巷等街道，俗称“万里长城”。

（2）郑家大屋

妈阁斜巷属于昔日的“基督城”街区的其中一部分，附近有郑观应于澳门的故居郑家大屋。

郑家大屋是郑观应（1842—1922年）的祖居和故居。郑观应，字正翔，号陶斋，又号杞忧生，晚年自号罗浮偫鹤山人，祖籍广东香山县（今中山市）三乡镇雍陌村，是近代著名的改革家、实业家、思想家、教育家、文学家、慈善家。早年参加童子试落第，离开澳门赴上

◆ 郑家大屋

◆ 郑家大屋长廊通道（20世纪80年代）

◆ 郑家大屋前院内景（李超宏摄于20世纪80年代）

海当商务学徒，并随叔父学英语。他后来从外商洋行买办到投资贸易、航运、矿务、电务、电线、机械等行业，成为中国第一代的实业家。郑观应还是中国近代著名的文学家及思想家，名作有《盛世危言》一书，当年郑观应因公务屡遭挫折，身心俱疲，故退居澳门，并潜心于此地著书。后来他离开澳门，转赴上海专注教育事业，于1922年逝世。

郑家大屋建于1881年，由郑观应父亲郑文瑞筹建。郑文瑞共有9个儿子，皆为官为商，因此郑家大屋分为9宅，次子郑观应当然也有份资助建造大屋。郑观应有两首七绝《题澳门新居》[1]，内容是描写郑家大屋位置和四周环境。诗中并注："先荣禄公（即郑观应父亲）梦神人指一地曰：此处筑居室最吉，后至龙头井，适符梦中所见，因构新居。"这又说明建屋的原因。大屋建成以后，郑观应时常往来澳门度岁、探望双亲及晚年养病、隐居、修道。郑家大屋于20世纪50年代分租，业权多次易手，也曾荒废一时，屋内的一些文物也成为贼人的目

① 郑观应著、夏东元编《郑观应集（下）》，上海人民出版社，1988，第1342页。

标，其后澳门特区政府于2001年成功接收了郑家大屋的业权，重新整修以作保护。

（3）港务局大楼（嚤啰兵营）

港务局大楼，建成于1874年，也被称为“嚤啰兵营”或“水师厂”，原为澳门印度籍员警的营地，后来改作港务局和澳门水警稽查队的办公地点。

1873年，41个士兵远从果阿来到澳门。这队裹着头布、身穿黄褐色军服的“嚤啰兵”（Mouros）是葡萄牙王国派驻澳门的印度土著部队。他们加入此城的“巡捕兵营”——澳门的员警部队。为了安置这

◆ 港务局大楼

队嚤啰士兵，澳门总督欧美德（Januário Correia de Almeida）于1874年下令建造一所专为他们而设的兵营。8月，欧美德主持了这座兵营的落成典礼。营内设有营房、会议室、饭堂和地牢等设施。

兵营落成后不足一个月——9月22日，一场令人留下可怕记忆的台风，从菲律宾东面越过吕宋岛，向澳门和香港袭来。这场台风破坏了澳门许多建筑物，刚刚启用的嚤啰兵营也不例外。重建和维修已是刻不容缓的事，政府制定了一系列计划，让台风留给小城的伤痕尽快痊愈。

1888年7月25日，当时的工程公所，也就是今天的土地工务运输局拟订了一份名为“Arçamento do Despeza a Faser com Uma Rampa para o Quartel dos Mouros（嚤啰兵营以及一段斜坡的建造工程开支预算）”的计划书。预算中整个工程共需200元，其中包括建筑材料72元6毫7仙、工资74元1毫以及额外开支53元2毫3仙，相对于当时的经济环境，这已是一笔较大的费用。此外，计划书中还有一幅嚤啰兵营的重建设计图。

现时港务局的办公地点已迁往林茂塘的海港楼，但港务局大楼以及郑家大屋则被纳入澳门历史城区的一部分，成为世界文化遗产。

一个多世纪以来，嚤啰兵营的建筑结构也没有太大的改变。从19世纪70年代和20世纪30年代的照片（见115页）可看出，其基本结构没有改变，它们最大的区别就是屋顶。刚重建的兵营的两个回廊交汇处和局部两层的屋顶是圆滑的四坡顶，其余部分是普通屋顶；不过20世纪30年代发生了较大的变化：两个回廊交汇处和局部两层的屋顶是中式四坡瓦顶，而其余部分则已变为平顶；从20世纪50年代一直到今天，整座建筑物的屋顶也是平顶。

◆ 19世纪70年代嚤啰兵营

◆ 20世纪30年代嚤啰兵营

1905年，嚤啰兵营被用作港务局的办公地点。历史上的港务局曾隶属澳门政府军政机关，设有海军船坞和水警队。港务局的葡文名称为“Capitania dos Portos ”，这是一个古老的名字，因为港务局成立以来它的葡文名称一直未变。但在近两个世纪的时代变迁中，港务局的中文名称却随着其职能不大的变化而有所不同，“船政厅”“港务厅”等名字早已被历史遗忘。

6. 龙嵩正街

龙嵩正街，又名龙嵩街、龙松街。位于澳门半岛南部，由新马路起，面对大堂街入口的阶梯至风顺堂街、摆华巷顶止。该街于1848年开辟，是澳门较古老的街道之一。

（1）街名由来

中文街名的由来与它附近的圣奥斯定教堂有关。龙松庙即俗称岗顶教堂、圣奥斯定教堂。《澳门纪略》云：“龙松庙者，在澳西北。

◆ 龙嵩正街

初庙就圯，或覆之以蓑，鬅松如髯龙……呼为龙松庙。”1848年，当局拓展市区，将教堂附近之斜坡开条街道，其一便是龙松街。后因“松”字不雅，改为“嵩”字。

葡文街名是“Rua Central”，意思是中央街或中心街。在19世纪末至20世纪初的数十年间，龙嵩街是澳门最繁华的街道之一。当时葡萄牙人多住在南湾、龙嵩街及附近的街道，教徒们在大堂庆祝天主教的节日或在星期日早上11点望弥撒，都会经过这条街。由于人流畅旺，使得龙嵩街店铺林立，不少印度人和犹太人都在此经营店铺，如金银首饰店、丝绸布匹店、工艺品店，鳞次栉比，还有一些富家大户的大屋，盛极一时。

◆ 圣奥斯定教堂

（2）龙嵩正街变迁

龙嵩正街原本不长，到18世纪末才将大教堂与西望洋教堂连接起来，其后又延伸至妈阁，但在18世纪上半叶，占用的地段只到圣老楞佐。1874年《澳门市街道名册》记载其位置为“由三角亭街至巴掌围斜巷”，1905年《澳门市街道名册》中的记载仍是如此，直至1925年改为“起自亚美打利庇卢大马路；终于风顺堂街，摆华巷之顶端”。由此可见龙嵩正街的变化与新马路的开辟有关。

澳门政府在开辟新马路时，把新马路西段的弯曲小巷拉直，把东段龙嵩街口与大庙顶之间的山冈挖平打通。新马路开辟后，连接了内港与外港，其东西走向的优越地理位置，开始逐渐取代龙嵩街的地位，成为澳门名副其实的“中央街”，龙嵩街的商业也由此走向衰落。如今，龙嵩街的店铺已经零落无几，但老一辈人还常常提起龙嵩街的黄金时代，甚至连澳门作家飞历奇也写了一篇富有想象力的小品来重现龙嵩街的辉煌。

7. 烧灰炉街

烧灰炉街，位于澳门半岛风顺堂区东部，由罗飞勒前地起至灰炉斜巷止。烧灰炉（Chunambeiro）指西望洋山东北地区，包括烧灰炉街、公园街、西湾街、灰炉石级、罗飞勒前地的一部分，以及灰炉斜巷和儿童游乐园等地方。[①]

（1）“烧灰炉”的由来

“烧灰炉”这一名称源自把牡蛎壳烧成白灰的火炉。而现在“烧灰炉”一词则泛指原烧灰炉村一带地区。烧灰炉村是澳门的古老村落，位于风顺堂区东部、西湾与南湾之间，北端出口接南湾大马路。该村原为一片浅滩，村内居住的多为渔民疍户，建有数十间平房，在平房附近设有售卖渔获的茅寮，茅寮外还结有火炉。村民除以捕鱼维生外，由于浅滩的沙堆上不时有鲜蚝和蛤蚬隐现，故村民在早晚潮汐时便试图在水中采蚬。据《百尺楼诗稿》“南环所见”记载：“晨光

① 澳门市政厅：《澳门市街道及其他地方名册》，1993，第259页。

◆ 烧灰炉街

渐熹微，水落鱼梁浅。砂碛岸边浮，疍妇忙采蚬”，即为此况。捕获的蚬取肉后，剩下的贝壳则堆起来，堆到一定数量后放到火炉烧成白灰，白灰可以作为建筑材料，故当时也有建筑商在此村采购建材，自此村民便又多了一条维持生计之道。

（2）烧灰炉炮台

烧灰炉炮台别名“圣母炮台”，是澳门最早设置的炮台之一，位于南湾街西端，西望洋山之东南麓，以及今峰景大酒店的东边，也就是民国大马路的起点，在炮台墙脚有路碑作“1911 Avenida Repoeblica”。烧灰炉炮台建成于1622年，在澳门遭荷兰人袭击时发挥作用。炮台上设有哨房、哨亭和警钟，也有弹药库。炮位则原有八座，但今可辨认的则仅有两座，其中一座向内十字门，一座朝外港海面。此炮台原地，也为圣奥斯定会早年的会基原址。1775年，烧灰炉炮台重修的时候，并从这里修筑一道墙，连接西望洋炮台，其墙迹如今还可看得出来。此炮台与加思栏炮台，以及伯多禄炮台（俗称“仁伯爵炮台”），都是保卫内、外港的坚强阵地。由此可知，“烧灰炉”地区在澳门发展过程中起着重大的作用。

（3）烧灰炉今昔对比

现在的烧灰炉，只是一个普通的住宅区。从前的炮台，已不复存在。留下来的，或许就只有一块石碑和以“烧灰炉”命名的一系列街道而已。

1568年，葡萄牙人协助明朝政府击败海盗曾一本，战后葡萄牙人以抵御海盗为借口修筑城墙。在贾尼劳主教及耶稣会神父们的支持下，只花了16天时间，在靠近西湾的烧灰炉（Chunambo）地建成一条长217英寻（396.8米）、底部厚6拃（1.32米）、上面宽5.5拃（1.21米）、高14～15拃（3.08～3.3米）的土坯墙。[1]

烧灰炉附近还有一所铸炮厂，1625年曼努埃尔·博卡罗（Manuel Tavares Bocarro）抵达澳门时，澳门已有一间铸炮厂，但因不善经营亏损巨大。所以，葡印总督派遣曼努埃尔·博卡罗来澳门接管该厂，其任务是铸造一切澳门建筑城台及其他工务所需要的大炮。1626年由他掌管铸炮厂。铸炮厂的葡语正式名称为“澳门王家铸造厂”（Fundicao Real de Macau），其负责人的正式称呼为“王室铸造师”

① 澳门文化局编《16和17世纪伊比利亚文学视野里的中国景观》，郑州：大象出版社，2003，第161—162页。

◆ 烧灰炉炮台

（Mestre da Fundicao Real）。

1868年于西湾街位置建有一座大洋房。1869年，澳门当局把烧灰炉村中段的街道命名为“烧灰炉街”，清同治年间该村随着南湾街（今南湾大马路）的开辟而荒废。1905年澳门当局将该村以北的出口易名为“罗飞勒前地”，1910年民国大马路和西湾街被辟成烧灰炉村后也被清拆，其浅滩也被用作辟路，村民也已搬走，只有现今之烧灰炉的街名。而灰炉系列街道，如灰炉斜巷、灰炉石级，则仍被称为“烧灰炉”。

钱纳利还创作了大量有关南湾的油画和水彩画：他笔下美丽的南湾，弧形的海岸线，真实地表现了“濠镜”规圆如镜的景致；远处的

◆ 烧灰炉（约1900年）

◆ 东方印象——钱纳利笔下的澳门南湾。

西望洋山上，竖立着宏伟的圣母教堂，山脚下的袅袅白烟，在深褐色的树影里显得格外醒目，那是渔民用当地蚝壳烧制土灰而形成的烟，就是至今仍被澳门居民称为“烧灰炉”的地方。

（4）烧灰炉地区的变迁

1869年，澳门当局把烧灰炉村中段的街道命名为“烧灰炉街（Rua do Chunambeiro）”，与它同时命名的还有金多里、信安街、智字里、利字里、礼字巷。在1866年的地图中，有一条街道的位置与现今的烧灰炉街相仿，故笔者推测此时烧灰炉街已建成。1871年8月21日，H. A. 迪亚斯·德·卡瓦略（H. A.Dias de Carvalho）中尉整治清理烧灰炉填海区的正式报告公布。[①]此后经过几年的整治，烧灰炉陆续建成了一些街道，直至1874年，烧灰炉区已建成如下街道（见下表）：

1874年烧灰炉区街道名

街道名称		澳门市街道名册记载的位置备注		备注
中文名	葡文名	位置	1993年（已消失的街道）	
金多里	Bêco do Cedro	位于烧灰炉的义字巷	原坐落烧灰炉街附近不清楚之地	载于1869年7月26日《澳门宪报》
信安街	Bêco da Flor	位于烧灰炉的义字巷	原坐落现已取消之义字巷附近，即现为公园街及儿童游乐园之地	
智字里	Bêco da Palmeira	由烧灰炉街起至智字里	原坐落现已取消之烧灰炉街附近不清楚之地，或为现儿童游乐园之地	
利字里	Travessa do Nivat	由烧灰炉街起至西湾街	原坐落烧灰炉街与西湾街之间，即现为儿童游乐园之地	

① 施白蒂：《澳门编年史：19世纪》，姚京明译，澳门基金会，1998，第183页。

续表

街道名称		澳门市街道名册记载的位置备注		备注
中文名	葡文名	位置	1993年（已消失的街道）	
礼字巷	Travessa do Pires	由智字巷起至仁字巷	原坐落烧灰炉街附近，即现已取消之仁字巷与智字巷间不清楚之地或即现儿童游乐园内	载于1869年7月26日《澳门宪报》
礼字里	Bêco da Raposa	位于烧灰炉的智字巷	原坐落现已取消之智字巷附近，即烧灰炉街与西湾街之间，现儿童游乐园附近	
仁字巷	Travessa a Palma	由烧灰炉街起至西湾街	原坐落现已取消之烧灰炉坊内之现烧灰炉街与西湾街之间，一部分为现儿童游乐园所占用	
仁字里	Bêco dos Calafates	位于下环街	原坐落烧灰炉街附近之不清楚之地	
义字巷	Travessa da Emenda	由烧灰炉街起至西湾街	原坐落烧灰炉街与西湾街之间，即大约现在之公园街	
义字里	Bêco Emenda	位于烧灰炉的智字巷	原坐落现已取消之智字巷附近，即烧灰炉街与西湾街之间，大约现为之儿童游乐园地方	
智字巷	Travessa da Trindade	由烧灰炉街起至西湾街	原坐落烧灰炉街与西湾街间不清楚之地，大约现在之儿童游乐园	
大树围	Bêco da árvore	由烧灰炉街起至灰炉石级	原坐落烧灰炉街附近不清楚之地	

上表中列出的街名现已不存，其地大多被现今的儿童游乐园所占用。根据一段《澳门宪报》的资料来看，这些街道可能是在1911年重建或修整烧灰炉附近房屋时消失的。在颁布的章程中第九条是

有关新建或重建、修整屋宇的规定，并在最后附上的整治区域中，列出了利字里所有屋，并灰炉斜巷二号屋的仅与本街地平相等的一段，还有智字里、烧灰炉街智字巷、义字里、金多里、西湾街烧灰炉口所有之屋。

烧灰炉经此整治后，很多街巷仅存于史册，只有现今的烧灰炉街、烧灰炉口、灰炉斜巷、灰炉石级等街名，仍能使人想起昔日的小渔村。

8. 草堆街

草堆街在澳门半岛中部，西端由十月初五日街起，东端在大三巴街口接卖草地街，长320米。草堆街历来为澳门繁华的商业街道，与十月初五日街、营地大街、新马路构成澳门最大的商业区。

（1）草堆街的由来

草堆街与澳门大街、官前街合称为三街。这三街是古代澳门的商业枢纽所在。明朝时的草堆街实为一个港口，尚未辟街，只是一块空旷地而已。这里有很多盛载柴草的船停泊落卸，经常堆积满地，名字便由此而来。在明清年间，营地大街常有朝廷官兵驻防。因为当时的民间不太富庶，燃料多以稻草代替柴木，所以当时草堆街与卖草地的稻草市场兴盛一时。后来，街道开辟，人们纷纷建筑房屋，隔断了草堆街与卖草地，稻草生意也由此低落，秆草青青的景象如今也看不到了。

LAPC
鴻記

◆ 草堆街

草 堆 橫 巷
TRAVESSA
DAS JANELAS VERDES

草 堆 街
RUA DAS ESTALAGENS

◆ 草堆街石碑

（2）草堆街今貌

昔日的草堆街是澳门的商务中心，百业汇聚，各行纷立，盛极一时。孙中山先生为了便于进行革命活动，曾在草堆街八十四号开设中西药局，一面服务贫苦大众，赠医施药，一面宣传革命。

草堆街现今是澳门电器商店最集中的地方，布匹成衣店也不少。虽然草堆街不长，但商铺云集。在这条充满葡式风情的商业街上，建筑大多保留着当年的风格。以前铺在老街道路上的小块花岗石是专门从葡萄牙运来的，如今基本都改造成了水泥路。

9. 福隆新街

福隆新街在澳门半岛西南部，由红窗门街起至白眼塘横街。福隆新街附近的街道，在过去被俗称为“箩底橙”，是北湾的海坦边地。所谓“箩底橙”，就是剩下来没有人要的地方。

（1）福隆新街的开辟

福隆新街地区，旧属宏隆坊，大部分为集成堂物业。此区初为庇厘喇洋行，占地甚广。自从香港开埠后，庇厘喇洋行遂被废置。直至同治年间（1861—1874年），闽籍富绅王禄及其长子王棣以绍昌堂名义承购宏隆坊庇厘喇洋行旧地，以为辟街建屋的基地。同时募集资本，分作十股，购入附近桔仔围多间旧屋，并填筑海滩，整理成一大片地，在此建筑街道及铺户。几年间，共建成福隆新街、福荣里、清

◆ 福隆新街

和里、福隆新巷、清平新街、深巷口、割槽围、福寿里、新利巷、新市巷及蓬莱新街、柴船尾、芦石塘、红窗门等多条街道，兴建大小铺店一百六十余间，该处亦成为澳门一条新的商业街区。[1]

据1866年的地图来看，福隆新街区所在的位置街道并不多，福隆新街也尚未开辟。1869年7月26日《澳门宪报》中刊登的此区的街道只有清平街和炉石塘巷。这说明直到1869年福隆新街区的大部分街道仍未建成。

① 王文达：《澳门掌故》，澳门教育出版社，1999，第227页。

结合1865—1866年的地图和表格来看，福隆新街区的开辟是分批陆续进行的，先期建成的清平街、福隆里、炉石塘巷、福隆新街、福宁巷，构成了以横向的福隆新街为中心，其余四条短街分别在南北两侧纵向延伸的街道网路。根据王文达的记载，整个福隆新街区的街道大致在1875年先后竣工。①竣工后的福隆新街区除个别街道因新马路的开辟而发生变化，基本保留了原来的状态。

福隆新街区各街道的出现时间与现处位置

街道名称		街名出处	街道现处位置
中文名称	葡文名称		（据1993年《澳门市街道名册》）
清平街（宰牛巷）	Travessa do Matadouro	1869年7月26日《澳门宪报》	由清平巷前的白眼塘横街与福隆新街之间起至亚美打利庇卢大马路83号与85号楼之间止。该街以前中文曾称宰牛巷
福隆里	Beco das Galinhas		由高地里之前夜㘆街起至福隆新街止，与公仔围相对，入口处有一台阶而门口处有一门
蓬莱新巷	Travessa da Caldeira		由道德巷门牌1号与3号之间起至亚美打利庇卢大马路门牌103号旁侧止
炉石塘巷	Travessa do Mastro	1869年7月26日《澳门宪报》	由福隆新巷前面的福隆新街起至庇山耶街前的亚美打利庇卢大马路止
福隆新街	Rua da Felicidade	1874年澳门市街道名册	由红窗门街门牌135号与141号之间起至白眼塘横街止，于清平街及清平巷之间

① 王文达：《澳门掌故》，澳门教育出版社，1999，第225页。原文：“（清平戏院）更经过一番装修工程，卒延至1875年始克全部完成。而是时新开各街道，及所建铺户亦已先后竣工。”

续表

街道名称		街名出处	街道现处位置（据1993年《澳门市街道名册》）
中文名称	葡文名称		
福宁巷（福宁里、新围）	Travessa das Venturas	1892年3月3日《澳门宪报》	由白眼塘横街34号与38号之间起，至清平新街与蓬莱新巷之间的新市巷止。入口均有大门
福隆新巷（宜安街）	Travessa da Felicidade	Cadastro das Vias Publicas de Macau, 1905	由炉石塘巷前福隆新街起至新市巷门牌15号止
福荣里	Beco da Felicidade		由福隆新街起，其入口通过一门楼位于该街门牌23号与27号之间，与新填巷相邻，至福隆围门牌22号与26号之间
福隆围（清和里、虱乸街）	Pátio da Felicidade		由新市巷末尾附近“清平戏院”后面起，至福隆新街门牌55号与59号之间止
新市巷	Travessa do Bazar Novo		由蓬莱新巷14号和16号建筑物之间起至福隆围入口处
蓬莱新街	Rua do Bocage		由柯邦迪前地16号和18号建筑物之间起，至道德巷14号和16号建筑物之间止
柴船尾街	Rua da Barca da Lenha		由蓬莱新巷38号建筑物一侧起，至新填巷11号建筑物之间止。以前由十月初五日街171号建筑物附近起，该处今尚有一段路和6号建筑物
清平新街（清平巷、清平直街）	Travessa do Auto Novo		由福隆新街起至深巷横街（道德巷）
新填巷	Travessa de Aterro Novo	Cadastro das Vias Publicas de Macau, 1905	由桔仔街起至福隆新街
填地围（福寿里）	Pátio do Aterro		位于新填巷附近，在该巷15号和17号建筑物之间有入口，无出口

（2）福隆新街街景

福隆新街是以前澳门名噪一时的花街柳巷，妓院遍布，灯红酒绿，夜夜笙歌，通宵达旦。那时附近一带还有不少酒楼、饭馆、餐室、酒店、赌场、“茶话室”（鸦片烟馆）。福隆新街分成上、下两段。街道上半段是青楼、茶馆等聚集地，最兴旺时期约有60家，其中最出名的有6家，分别为“雅仙”“咏春”“留觞”“红楼”“京华”“玉兰”，各有绝色名姝、佳丽驻场，与客人饮酒、唱曲、作乐，不少富家子弟、巨贾富商都常在此流连忘返；街道下半段则是烟室、酒家等聚集地。此处与附近的福荣里、宜安街被称为澳门的“花国三街”。

◆ 20世纪50年代的福隆新街

◆ 福隆新街

如今，众多的两层高的晚清建筑群依旧存在，但建筑上的通花窗板、门口及金属门板都被刷上鲜亮的红漆，既醒目又与灰墙相映成趣，很有古色古香的感觉，令人赏心悦目。沿福隆新街而行，会闻到各式各样美食的香味，因为这里如今已开了很多大大小小的餐馆、酒家、小食店和糖水铺，不少老饕都会专程来此享受美食。

昔日，福隆新街建筑物上的窗花和门板都不是红色的。你若想看看其以前的模样，可到福隆新街后面的福荣里走走，那里仍保留着翻新前的建筑模样，灰砖、斜条格架构的窗、残留的蓝色漆迹，从中可见福隆新街的旧貌。而且，福隆新街上一次的翻新工程也已过多年，部分油漆已剥落，让此街如今更具沧桑感。

10. 千年利街

千年利街，在风顺堂街与水手西街之间。千年利街原名“黑姪巷”（葡语原名“猫医院街”），后根据四月十三日第32/85/M号法令，“Travessa do Hospital dos Gatos”被译作“黑姪巷（千年利街）”。

（1）千年利与钱纳利

该街是为纪念英国著名画家钱纳利而命名的，将Chinnery译成“千年利”是为了讨口彩吉利。

◆ 千年利街

◆ 钱纳利自画像，《东方印象——钱纳利绘画展》（香港历史博物馆，2005年）

钱纳利是19世纪英国著名的画家，1774年生于英国伦敦，年轻时曾旅居世界各地，于1825年9月29日，携带一名印度仆人乘搭“海斯”（Hythe）商船抵达澳门，从此展开了这位英国艺术家在澳门长达27年的艺术生涯，直至1852年5月在鹅眉街寓所逝世，后来葬于白鸽巢公园旁边的基督教坟场。钱纳利是一位勤奋的画家，画艺精湛，作品很多，在艺术上获得很大的成就，对同时代的欧美画家有一定的影响。钱纳利在澳门卖画授徒，专门替达官贵人绘画，酬劳不菲，生活安定；平时很爱写生，其作品多以澳门风情、人物为题材，真实地反映了当时澳门的风土人情。现存贾梅士博物馆的30多幅作品，成为研究澳门历史、文化和建筑的珍贵资料。

（2）千年利街旧称

千年利街的前身叫“黑姪巷”“黑姪斜巷”，直至1952年时，为纪念乔治·钱纳利在澳门逝世100周年，改名为“千年利街”。不过，据金丰居士称，“黑姪”是“黑窒”之误用。因为在20世纪30—40年代，此巷刚开辟，巷道宽不过丈余，两旁贴着耸立的是三四层高的楼房，每天下午四点之后，巷子里就完全没有日光照射了，阴暗森然，站在鹅眉街口处向巷里望去，暗黝不堪。行走在斜峭的巷道，令人心郁气促，故有“黑窒”之说。也有人说“黑姪”其实是“吓窒”之误（粤语“黑”与“吓”发音相近）。为何此巷会“吓到人窒息”呢？因为昔日此巷多为贼人经过，每到月黑风高的夜晚，行经此巷的市民多被贼人打劫，甚是吓人，故有“吓窒”之说。

然而以上说法令人怀疑，其中最明显的一点就是黑姪巷并非在20世纪30—40年代才开辟，早在1869年《澳门宪报》中就已经刊登了黑姪巷（Do Hospital dos Gatos）之名。

11. 亚婆井街

亚婆井街，由妈阁街及高楼街侧起至西坑街，中间有一座石级通往西坑街。

（1）街名由来

街名源于“亚婆井”，它位于西望洋山北斜坡，即亚婆井斜巷的一道山泉，水质甘洌，是澳门名泉之一。传说在明朝时，有一位居于附近的老妇，见到居民上下山径挑水十分辛苦，于是慷慨解囊，雇人凿山引水，筑基贮水，方便人们汲用。人们歌颂老妇德行，称水池

◆ 亚婆井街

为“亚婆井”（粤语“亚婆”即“阿婆”的意思）。至葡萄牙人来澳门增修“亚婆井”，敷设铁管，并在井上嵌以龙头，喷出泉水，因而“亚婆井”又称“龙头井”。清朝年间，水龙头又装饰石雕人首，而被改称“人头井”。

以前这里是澳门主要的水源，又靠近内港，所以是葡萄牙人抵达澳门后最早的聚居点，被称为“基督城”。当年在澳门的葡萄牙人中流传着一首民谣：“喝了亚婆井水，忘不掉澳门；要不在澳门成家，要不远别重来。”

（2）亚婆井街今貌

如今，亚婆井街及附近一带，已失山泉，仅存水井遗迹；而在亚婆井前地，有两棵苍劲高大的老榕树，也可作为“亚婆井”的见证。榕树有可能是1877年种下的，据《澳门编年史》记载：“1877年自该日起在两年时间内，成功引种了大量今天仍被人们倍加欣赏的榕树。据统计在塘巷和青云里一带种植22棵，在南湾街种7棵，在加思栏大马路种27棵，在望厦村一带种86棵，在亚婆井街和妈阁街一带种13棵。在上述仅提到的几处至今仍保留着当年栽种的漂亮榕树。”①

亚婆井前地也称为“泥流泉前地”，“泥流”原是1622年西望洋山的中文名称，意为“山泉”。亚婆井街的石仔地是1905年才铺上

◆亚婆井

① 施白蒂：《澳门编年史：19世纪》，姚京明译，澳门基金会，1998，第209页。

的，当时澳门管理工程公所在《澳门宪报》上通知出投各街道打石仔地的工程："兹定于西四月初十即三月初六日一点钟在本公所将下列各街道打石仔地之工程出投招人承造。凡来投者，先交暗票后明喊。投得者须即交担保。银照投价每百元以五元计。所有章程现存本公所。除安息日外，每日上午十点至下午三点任人到看。计开：一由亚婆井街起至嚤啰（Mouros）厂止，一白眼塘前地即火船头街即皇家新街之中，一另有数处在皇家新街及内河，均打石仔地。特此通知。"

1996年1月上旬，亚婆井前地重修竣工，曾举办庆祝活动，有多个葡萄牙人家庭成员出席，重温"亚婆井昔日情怀"。从前无论葡萄牙人或中国人，都在榕树脚下捉迷藏、放风筝、弹吉他，一起欣赏葡国歌舞和粤剧演出。很多葡萄牙人都在诗文中反映饮用过亚婆井泉水，就不会忘记澳门。

12．清平街

清平街，位于澳门半岛西部，东北端接新马路，西南端至福隆新街与清平巷相接。清平街与清平巷，都是有名的手信街，是澳门地道小吃的集中地，成为旅客的必到之处。

街名由来

清平街，原名宰牛巷，1869年7月26日《澳门宪报》中已刊登其葡文名Travessa do Matadouro（宰牛巷），属于"bazzar"区。宪报中

◆ 清平街

只刊登了名称，并未对其位置进行说明。根据宪报的记载：“宰牛巷：此系续长宰牛巷，使该巷与亚美打利庇卢马路连接者，仍名宰牛巷。”可知宰牛巷原本的长度要比现今短，是在1918年新马路建成后得以延长的。延长后的宰牛巷仍用旧名，直至1957年《澳门市街道名册》中仍称“宰牛巷”，但在1993年的《澳门市街道名册》中已更名为清平街。因此，宰牛巷的改名应在1957年至1993年间。

清平街一名来源于清平戏院。该戏院是澳门历史最悠久的戏院。清平戏院所在地原为澳门内港一段湿地，至清同治五年（1866年），澳门富绅王禄、王棣父子，集资雇用工人把这里填为陆地，并开辟街道和

◆ 在清平戏院上演的《雷雨》海报

铺户，使该处发展繁荣。在发展期间，有关部门向王氏父子建议在这里开设一家戏院，王氏父子采纳其意见，并于1870年动工兴建，至1875年落成。而落成当日正好为王禄寿辰，王棣为了祝寿，特意请粤剧名班到戏院演出，并宴请到场嘉宾。寓意为在场人士都能娱乐升平，故把戏院命名为“清平”，而街道自此也被称为“清平直街”。自戏院开业后，清平戏院成为粤剧戏班的演出重地。清平戏院为该区最具规模的戏院，与福隆新街一带组成澳门昔日最繁华的商业地区和烟花场所。自20世纪80年代起多为餐厅、饼店、手信店等，至今有“手信街”称号。

13. 下环街

下环街，在澳门半岛西南部，由李加禄街起至河边新街。原来是一个小湾的岸边，19世纪后期的内港填海工程把小湾填平，将海岸推到今天的河边新街，沿旧岸边建成了向内弯曲的下环街。

（1）下环街填海

下环街是一条狭长弯曲的街道，保留海湾形态，也是澳门一条

◆ 下环街

古老的街道。澳门半岛的填海工程最早开始于1850年，内港三巴仔横街及下环街之间的一段地方被填成陆地。当时，海岸位于现在的下环街，岸上零散分布着一些屋宇，居住着澳门手工业者和贸易商人。在一幅绘制于1848年的地图中，下环街边仍为一片海滩，并用字母“P”标注，其名为“P'raia do Manduco”（蛤蟆湾）（见上图）。此称源于海边一块圆形的石头。据《澳门纪略》记载：“蛤蟆石，其形圆，其色青润，每风雨当夕，海潮初上，则阁阁有声。”

蛤蟆石有时也被称作“蟾蜍石”，如1812年冬，“有差役邓昭、郑超、陈佑三艇联环，在于澳门蟾蜍石河边一带地方扰良善。兹据澳额第二号船主投称：夷三板于去月二十五日在蟾蜍石河边经过，尚

◆ 1848年的蛤蟆湾与下环街

◆ 1865—1866年地图中的下环街

未挨碰，即指碰烂伊艇，勒索多端。”[①]另外，蛤蟆石也出现于地图中。如成书于道光七年（1827年）的《新修香山县志》中收录的《澳门全图》即标出蛤蟆石的位置，只不过在图中标为“虾蟇石”。据《澳门掌故》记载，这块奇石直到同治七年（1868年）澳门当局填筑下环海滩时才被埋没。[②]在1865—1866年的地图中（右图），蛤蟆湾已经被填筑，取而代之的是一片新的街区。

20世纪初，下环街已建有不少富户大屋，店铺毗连，繁华兴旺。因海湾是渔船停泊地和海产集散地，船具店及鱼栏多集中于此。其后，在新填地上辟路建屋，扩大街区范围。数十年前，区内主要商业

① 刘芳辑：《清代澳门中文档案汇编（上册）》，章文钦校，澳门基金会，1999，第407页。

② 王文达：《澳门掌故》，澳门教育出版社，1999，第44页。

区为河边新街、下环街、下环小市街等。河边新街至妈阁庙一段，更为渔业集中区域，鱼栏林立；而对开海面仍为渔船停泊之所。妈阁街、陈乐巷等一带横街小巷，住宅栉比。近十多年来，下环不少旧楼被陆续拆卸重建新厦，商业随着时代转变，开设其他行业，仍为澳门一个商住区。

（2）下环街福德祠

下环街福德祠原设在街上，路边奉祀，后来才迁建河边新街。该祠历史已逾百年，据庙内碑记载建于清同治七年八月，即1868年9月，其时下环海边才填海筑堤。至“同治十年七月十八日，因风雨为灾，遂致墙垣尽圮”，坊众又集资，重建于同治十年十二月，即

◆ 下环街福德祠

◆ 下环街福德祠

1872年1月。

1868年10月1日，澳门下环街福德祠落成开光。同治七年（1868年），正值澳门政府填筑北湾海滩之际，下环街一带土地扩展。坊户蔡兆蕙、吴悦德等遂乘势倡言建祠，得下环街铺户居民支持，遂“开簿捐题，鸠工举事”。于本日，福德祠建成，奉本街区土地神。又在祠右建铺一间，为祠中香火之业；铺之后又建公所一座，为值事办公会议之区。[1]

14. 民国大马路

民国大马路在澳门半岛南部，由西湾街起绕过澳门半岛南端至妈阁上街。原为山边海岸，1910年筑堤修建成马路。

◆ 民国大马路

① 王文达：《澳门掌故》，澳门教育出版社，1999，第79页。

（1）街道由来

民国大马路（Avenida da República）于1910年（庚戌年）建成，并于当年12月24日通行。当时宪报有通知：“通知事所有内河沿岸马路通连外河沿岸之马路，系由西湾街起至妈阁海边街止，兹按照议事公局所请命名曰：民主马路。着今日起一律准人往来通行等情，今特译华文颁行宪报，并贴常粘告示之处以俾众人周知。”

根据资料记载，早在1869年，就曾有人提出“将南湾地区与填海而成的南环统一规划，搞成一条赏心悦目的环海街”。该建议由市政工程署长弗朗西斯科·马利亚·达·库亚在1869年4月30日呈上的报告中提出，此方案鲜为人知。[①]直至1910年民国大马路竣工，才完成了连接西湾与妈阁街和内港的通道。1869年提出的方案历经半个世纪才得以实施，可见其施工难度。这一方案在1883年关于城市建设及卫生条件改善的指导性的总体规划建议中也被提及：“在道路方面还有一个建议，即开辟一条从南湾炮台到妈阁炮台的街道，‘要么绕过西望洋山沿海边修建，这样效果极好但花费极大，要么在山上开辟，这样风景较佳而且费用较低’。该委员会承认，实行这些措施‘需要坚韧不拔的巨大决心’，可惜这种决心并不存在，所以直至今天仍能见到宽度小于规定标准的街道。”

民国大马路的修建使内港与南湾连接起来，昔日宁静的西湾也随着繁忙起来。建成后的民国大马路成了澳门半岛的重要交通干道，加强了内港与西湾的联系。

---

① 施白蒂：《澳门编年史：19世纪》，姚京明译，澳门基金会，1998，第175页。

（2）西湾

西湾在南湾填海之前很少被提及，不像南湾、北湾频频出现于历史文献中。“西湾”一称的出现较晚，汪兆镛于1926年作诗：

西湾与妈阁，嵴耸隔一山。

凿空辟坦途，石气青孱颜。

驱车得捷径，劳顿忘跻攀。

危厓怒潮立，声在杳霭间。

抚松时小憩，悠然烦虑删。

自注云：“南湾与妈阁，山径阻阂，近年始开凿通行，地名‘西湾街’。山下潮涌，时有高至盈丈者。”[①]王文达先生据此推断澳门本无所谓西湾者：“考澳葡于1910年间始将西望洋山及妈阁山，两山南面山麓至海滩，填筑成堤岸马路。其东端近烧灰炉一段称西湾街；其西端近妈阁山一段称民国大马路。”[②]然而据笔者考证，西湾街的开辟要早于1910年间，在1874年的《澳门市街道名册》中就已记载：“西湾街（Rua da Praia do Bom Parto），由灰炉斜巷至南湾街。”由此看来，西湾街在1874年已存在，且其位置为灰炉斜巷至南湾街，并非汪兆镛所称的妈阁至南湾，可能这是汪兆镛将西湾街与民国大马路混淆所致吧。1869年《澳门宪报》命名的街道中并没有西湾街，因此西湾街的开辟是在1869—1874年间。

① 汪兆镛：《咏澳门西湾诗》，章文钦：《澳门诗词笺注·民国卷上》，珠海出版社，2003，第19—20页。

② 王文达：《澳门掌故》，澳门教育出版社，1999，第301页。

◆ 西湾一带黄昏

西湾只是澳门人对烧灰炉炮台至妈阁炮台一带海湾的统称，葡萄牙人对这一地区有另外的命名。在1889年葡萄牙人绘制的地图中，西湾有两个海湾，分别为“Praia do Tanque dos Mainatos”和“Bahia do Bispo”（见下图）。“Tanque dos Mainatos”经金国平先生考证为“洗衣塘”[①]，因而“Praia do Tanque dos Mainatos”即为洗衣塘沙滩。另一个海湾“Bahia do Bispo”则意为主教湾，此名应与西望洋山上的主教府有关。西湾以前为原始的海岸线，完全可以想象沿岸“危厓怒潮立”的情景。这种情景直至1910年民国大马路开辟才被改变。

① 金国平、吴志良：《东西望洋》，澳门成人教育学会，2002，第403页。

15. 三巴仔街

三巴仔街，由三巴仔横街与风顺堂街之间起，至三层楼上街附近止。其名源于俗称为“三巴仔”的圣若瑟教堂。

（1）三巴仔

圣若瑟修院圣堂，于1746年兴建，1758年落成，规模仅次于耶稣会士兴建的圣保禄教堂（现大三巴牌坊遗址前身），因此人们称它为“三巴仔”。教堂的大门前有52级石阶，从下面仰望它那巨型圆顶，巍峨壮观，崇敬之情油然而生。

◆ 三巴仔街

圣若瑟修院圣堂因与大三巴同是培养天主教传教士的修院，但规模相对较小，就如大三巴的分部。据《澳门纪略》记载：“澳西有小三巴寺，规制差约而轩豁过之，三巴之外库也。”因此被称为小三巴或三巴仔教堂。在未发现奠基石前，圣若瑟修院圣堂也曾被称为三圣贤堂，因有段时间在正祭台上设有以“三贤士”为背景的马槽（三贤

◆ 圣若瑟修院圣堂

士即圣经上在耶稣出生时来朝拜的三王，分别是美志爱、巴大撒和贾欺巴），而令人有此误解。但这可能是很久以前的事，因在1914年的刊物中，已出现了耶稣圣心像于正祭台上的照片。直至1999年后，重修圣堂时发现奠基石，明确指出这圣堂是献给大圣若瑟。三圣贤马槽像现存于祭衣房内，每逢圣诞节期间三圣贤马槽像被放在圣堂内供人观赏。

◆ 圣若瑟修院圣堂（约1926年）

◆ 圣堂内景（约1900年）

圣若瑟修院圣堂仿照古巴比伦式，建筑宏伟，气势磅礴，只有正堂，左右两边建有对称的钟楼，形为琉璃瓦檐的小方塔。教堂中央是一巨型圆顶，光线通过玻璃射入，教堂内部圣殿仿效罗马圣伯多禄大殿，金碧辉煌，浮雕栩栩如生，气派非凡。圣堂至1953年再被修葺，形成今日规模，具有巴洛克建筑风格。

（2）三巴仔街的开辟

三巴仔街在澳门开埠时，不过是一条断断续续的渔樵泥径，1657年澳门耶稣会教士在着手进行当时澳门最大的建筑工程——建大三巴寺及修道院的同时，也选择了在岗顶西南坡麓兴建一座“圣若瑟楼”。三巴仔街就是因为这“三巴仔”而开辟的。三巴仔街是由耶稣会教士开设，并且是澳门最早铺设小石头路面的街道，长不过200米，相当倾斜，所以按照欧洲港埠的建设方式，把这样一条街道的路面全都铺上小石头。三巴仔街的最早功用是为建筑“三巴仔”运送建筑材料，以及将许多来自欧洲耶稣会的典籍、法器、财宝，运送进三巴仔。后者每每都是秘密运进的，多是利用晚间搬运，所以对路面的要求颇高。

（3）三巴仔街沿革

三巴仔街（Rua de S.José）辟街之初是由圣若瑟楼的百级台阶下起始，向西一直通到当时的北湾内港埠头。后来三巴仔街的下段被改名为“乐建斜巷”和“水字巷”。其实，以前这两段街道也称“三巴仔街”或“三巴仔下街”。乐建斜巷（Calçada da Feitoria）命名于1869年。当时刊登于宪报的是它的葡文名称，中文名称则最早见于1905年《澳门市街道名册》。但金丰居士认为乐建斜巷改名在清末民初。“乐建斜巷在明末清初时期，甚至在清朝中叶都是三巴仔街的一部分，是该街的前段。乐建斜巷之名是清末民初时才改的，改名是因为这一小段的斜路在清末已经坍塌，变成一条斜径，只能走人不能行车，澳门当局也没有去理会，直至有发展商建筑‘功德林’寺庙，建筑陈乐围住宅社区时，才又‘行善筑路’，重新把这三巴仔街的咽喉地段给拓宽修好，使之可以车路直通水字巷。这重修后的一段就冠称作乐建斜巷了。”

关于功德林的修建时间有多种说法，较流行的有1912年说、1925年说和1931年说。谭世宝先生根据无量寿功德林所藏木碑，考证出功德林创立之时间在民国十二年，即1923年。暂且不论功德林到底建于何时，金丰居士所说乐建斜巷是在建“功德林”时拓宽修好的，并在重修后才被冠名的这一说法是值得怀疑的。金丰居士对于乐建斜巷的改名只用“明末清初”这一模糊的时间，而1869年7月26日的《澳门宪报》中已有该巷的葡文命名“Calçada da Feitoria”，中文名字则最早见于1905年《澳门市街道名册》。如此看来，金丰居士所说乐建斜巷在建“功德林”时得以拓宽重修是可能的，乐建斜巷则要早得多。

水字巷最早见于1874年《澳门市街道及其他地方名册》：水字巷，由河边新街起至乐建斜巷止。现今的水字巷西北半截原是海滩，上筑有一条海坦石堤，一直延伸北湾内港水面，这是一处古老的“水口”，澳门修建三巴仔的建筑材料，有许多就是从此卸船，再用人力搬运上岸的。耶稣会的财宝、典籍也多由此水口上岸，在暗夜的掩护下，在教士的监督下，由此经三巴仔街而运进三巴仔。清同治六年（1867年），澳门大规模整治北湾内港，填海造地，取直内港堤岸，水字巷的一大半是由新填出来的土地开辟的。水字巷得名源于此处的“水口”—水字码头。

（4）功德林

功德林，是“澳中唯一之女丛林”。[1]正门在三巴仔街，后门在三层楼上街。根据木碑上所记载，无量寿功德林的创建过程为：本林原香山居士观本张氏弟昆仿古人蓝田山庄，为奉母念佛经行次处。继以机缘渐熟，随喜者众，乃扩拓道场，庄严佛殿，遂成今日规模。其址在澳门三巴仔街门牌十三号，以及三层楼上街门牌十四号。自民国

① 王文达：《澳门掌故》，澳门教育出版社，1999，第90页。

◆ 功德林

十二年（1923年），南海简济善堂弟昆出而为功德主，布金买地，向葡萄牙官厅立案，永为女众清修之所，定名曰无量寿功德林。

16. 盐里（烂花园）

烂花园实际上只是一条街巷，坐落在河边新街与下环街之间，初称新花园。

从新花园到烂花园

17世纪初，新花园占地甚广，包括下环街市到公共汽车车场一带，属私人产业，业主为荷兰人。园内有西式闸门，风景优雅，在澳门来说实属一流的风景名胜，多外籍人士居住。其中一座三层楼的建筑影响较大，三层楼下街、三层楼斜巷都以此命名。

可惜后因业主人去楼空，园林荒芜，昔日高轩率成败瓦，旧时花木成为枯枝，新花园变成了烂花园，今天所称的烂花园只是新花园的一部分，另外还有华士古达嘉马花园和得胜花园。又因曾辟作储盐之所，故名盐里。

◆ 盐里

查历年的《澳门市街道名册》，“烂花园”一名最早出现于1925年：“烂花园，位于河边新街，在151号处的门有一入口，被称为‘Gude de Carneiro’。”其中的Carneiro即埃斯特瓦·卡内罗（Estevho Carneiro），他曾两次出任澳门议事公局理事官。根据施白蒂的记载，该花园于1856年被拍卖。

在1925年的《澳门市街道名册》中记载：“Lecáros（新花园），位于下环街入口处，有几个不同的建筑，今天已经成为公共建筑。中文称之为‘新花园’（San Fá ün）。”对比两处记载，似乎在当时人们的观念里，新花园的范围比烂花园大，烂花园是新花园的一部分。昔日新花园占地甚广，包括李加禄街、货仓街各一部分及下环市场。据金国平先生考证，新花园为Lecáros家族的祖业。[1]而综观上述资料，新花园最初并非李加禄家族的祖业，而是从埃斯特瓦·卡内罗（Estevho Carneiro）接手过来的。

1904年9月7日，Juan Lecaros逝世于澳门，之后新花园由政府接管，因管理不善，最终沦为烂花园。之后废置多年，直至被占用辟为街道，其中一条街由下环街起至河边新街门牌九一号及一零九号两屋宇之中间止，被命名为“李加禄街”。

---

① 金国平、吴志良：《过十字门》，澳门成人教育学会，2004，第241页。

嘉模堂区（氹仔）

嘉模堂区包括氹仔和澳门国际机场。最初该区分为大氹、小氹、一粒米三部分。大氹与小氹后因河海冲击加上人工填海被连接起来，一粒米成为现在澳门国际机场的塔台。人们习惯性将该堂区通称为“氹仔”。

氹仔，别称龙头湾、潭仔，旧称为龙环、鸡颈，葡文称为“Ilha da Taipa”，英文曾作“The Typa”，澳门的离岛，是组成澳门的四大部分（区域）之一。氹仔原为一个独立岛屿，现已和路环和路氹城连成一体。

堂区历史

其实昔日氹仔岛分为两个小岛：大氹和小氹。原小氹仔岛东侧的海岸线从凯悦酒店附近向西南沿小氹山麓直至码头；大氹仔岛西面的海岸线则从凯悦酒店附近向东南呈弧形直至市区北部。后来泥沙淤积，20世纪初澳门政府在该处填海，使得两小岛合二为一，称为氹仔岛，直至市区与码头之间的海岸线成为一条直线。现在该岛的大氹山（大谭山）和小氹山（小谭山）就是当初的那两个小岛。其实1920年10月澳门政府鉴于1905年在小氹仔及大氹仔之间进行的填海工程，准备修改部分工程计划，考虑暂不在计划建设的船坞以西进行填地工程。[1]故这一时期只是将大小氹仔岛连接起来。随后近代澳门经济发展，再据“大小氹仔海岸线变化图”可知，进入20世纪40年代以来，氹仔岛进行大面积的填海工程，主要集中在氹仔的西部及东北部区域。现氹仔的西沙、平民屋、赛马场、松树尾、中心市区及澳门国际机场地区等地均为填海所得。未填海前该区有一海湾，即大氹仔湾，位置在今大潭山及小潭山之间。 20世纪20年代以后，该湾因淤泥堆积及填海造地完全消失。现如今大部分填海区辟为赛马场及电单车场。近年来因为博彩业开放，土地需求更大，故为了配合赌场集团的建设，该堂区的填海更为迅速。

① 吴志良、汤开建、金国平主编《澳门编年史》第五卷，广东人民出版社，2010，第2769页。

堂区范围

该堂区最初为天主教堂区，因嘉模圣母堂而得名。1885年嘉模圣母堂建成后，该区域成为一个堂区。后随着城市发展，该区成为澳门行政区划的一部分。

该区主要街道集中在氹仔旧城区内，旧城区位于大氹的南端。虽然嘉模堂区基本上是在现当代才得以开发，但氹仔旧城就像一个活生生的博物馆，至今保留了许多古旧建筑物，如嘉模前地的嘉模圣母堂、地堡街的北帝庙、官也街与施督宪政街交界处的嘉模墟、施督宪政街的医灵庙、卓家村路的关帝天后庙等，可以说每一处都是一个氹仔故事，见证着氹仔的发展和变迁，也令澳门昔日的渔村风味得以保存。

随着氹仔的开发、改建，街道环境改善，一些街道周围甚至开了多间出名的糕点店、甜品店、手信店、餐厅等，吸引了大量游客前来品尝；而且街上样式古老的街灯、悬挂的花篮，更是引人入胜。本区所选街道主要集中在氹仔中南部，确切地说是在氹仔城区内。

1. 嘉模前地

嘉模前地，在氹仔半岛南部，在光复街、嘉模斜巷及嘉路士米耶马路之间；该街开辟于20世纪晚期，乃一处位于嘉模教堂外面的宽阔空地。那里有一栋栋具有南欧色彩的建筑物，以及花红柳绿的花园，风光旖旎，景致迷人，环境幽雅，空气清新，使嘉模前地充满了浪漫的色彩，不仅成为当

◆ 嘉模前地

地居民休憩聊天的好去处，更使大量游客驻足，流连忘返。

（1）嘉模圣母堂

1875年，当时任氹仔驻军司令官的马德提出要在氹仔兴建教堂，一方面要配合天主教传教工作，另一方面也是为居住在氹仔的天主教徒提供宗教活动场所。其实，当时岛上的天主教信徒寥寥可数，据1880年统计资料显示，氹仔居民总人数为3230人，当中教徒仅有35名。因为该堂所在位置地势较高，过去人们可以在此眺望澳门南湾一带的风光，于是在1877年至1883年期间，时任澳门教区主教苏沙决定在此处兴建嘉模圣母堂，并于1885年9月15日建筑完成。100多年间，经过不断的修缮，嘉模圣母堂外观仍然很完整。该教堂是氹仔唯一的天主教堂，而且于1992年被列入澳门文物名录中。

◆ 嘉模圣母堂

◆ 嘉模圣母堂

这座教堂为三层建筑物，高大宽敞，整个布局结构古朴典雅，设计简单，装饰并不华丽，但也庄严肃穆。鹅黄色的外墙加上顶部是一个小钟楼，整体上很有欧式风格。教堂内也很光洁明亮，一派肃穆。据说主祭台上的圣母像是特地从欧洲运送过来的，所以十分珍贵。

（2）氹仔图书馆

在嘉模前地上有另一栋建筑物，即氹仔图书馆，位于嘉模圣母堂的对面。该处原为氹仔海岛市官立小学所在地，1992年耗资200万澳门元改建装修，于1993年开馆，建筑物为罗马式风格。图书馆内藏有

◆ 氹仔图书馆

中葡书籍等，且设有两间阅览室，其中一间为报刊专用室。其地下为阅览室，阁楼为期刊室，顶楼为书库。

（3）周边花园

嘉模前地虽不大，却拥有两个小公园，一个位于氹仔图书馆后，称为“市政花园”，里面花圃错落有致，植物修剪整齐，漫步其中，令人身心舒畅。另一个是在教堂右方的“史刘莲德女士公园”，因置有一个巨型十字架而被称为“十字花园”。它依山势辟建而成，花园呈海浪形状，简单之中尤见心思。花草树木遍布山坡，郁郁盈盈，生

◆ 氹仔全景（约1930年）

意盎然。园内还设有数张石椅，供游人休憩。在婆娑树影之下，与三五知己小坐，迎风纳爽，又或利用椅上列着的棋盘与友切磋棋艺，一较高下，诚一乐也。此处地势较高，濒临大海，凭栏而立，可俯瞰澳门八景之一“龙环葡韵”的美景以及那一片生长茂密的红树林，更可远眺路环岛，视野十分广阔，令人心旷神怡。

早在1956年，海岛市地方委员会曾将此处以澳督史伯泰将军夫人的名字命名为“史刘莲德女士瞭望台”，也许是来自葡文译音的缘故，较为艰涩难念，所以很容易被人遗忘，时至今日，知道这个名字的人已不多了。

2. 孙逸仙博士大马路

孙逸仙博士大马路在氹仔中部，呈西北—东南走向，西北端由宋玉生圆形地起，东南端至亚利雅架圆形地，长约770米，原来为史伯泰海军将军马路的一段。该马路西侧本为氹仔中部低洼地，近年开辟马路，新建楼宇，成为氹仔的一个新开发区。马路东侧是原来的村落：卓家村和三家村，至今仍然有待开发建设。

◆ 孙逸仙博士大马路

孙中山

孙中山（1866—1925年），名文，字载之，幼名帝象，字德明，号日新，后改逸仙，广东香山县人，中国近代伟大的民主革命家。早年在日本从事革命活动时，曾化名中山樵，后遂惯称中山。1892年，孙中山毕业于香港西医书院，随后在澳门、广州等地行医，以医术为“入世之媒”，探求救国真理，结纳反清秘密会社，联络有志之士，准备创立革命团体。孙中山和他的家人与澳门有密切关系，澳门是孙中山走向世界的门户。

◆ 望德圣母湾大马路

3. 望德圣母湾大马路

望德圣母湾大马路位于澳门氹仔，由路氹连贯公路圆形地至奥林匹克游泳馆圆形地止。街道于2001年11月1日由临时海岛市政局命名。该街沿途有澳门威尼斯人度假村酒店、奥林匹克游泳馆、解放军驻澳门部队氹仔永久性营区、银河度假城、红树林、排角。

（1）澳门威尼斯人度假村酒店

澳门威尼斯人度假村酒店，俗称澳门威尼斯人度假村、威尼斯人、威记等。位于望德圣母湾大马路、路氹连贯公路（金光大道）与新城大马路交界处。酒店以威尼斯水乡为主题，酒店范围内是充满威尼斯特色的拱桥、小运河及石板路。由于澳门威尼斯人度假村酒店的概念是源于拉斯维加斯威尼斯人度假村酒店，因此一直被视为后者的复制版。其中包括圣马可广场意大利总督府、钟楼，以及三条设于酒店内、近130米的运河。酒店于2007年8月28日开业，耗资24亿美元，占地约100万平方米，设有3000间豪华客房，约12万平方米会议展览场地，1.5万个座位的表演场地，1800个座位的索拉奇

◆ 望德圣母湾

艺坊剧院。在逾10万平方米的大运河购物中心区，则汇聚了30多间高级食肆及350多家国际品牌店。澳门威尼斯人度假村酒店是当时亚洲最大型的单栋式酒店及世界上第二大建筑物。

（2）望德圣母湾巷

呈东西走势，夹在望德圣母湾街间。

（3）望德圣母湾街

在望德圣母湾大马路的北面，环形街道。

4. 地堡街

地堡街，位于氹仔旧城区，由排角起，至消防局前地止。该街以美食闻名，是澳门著名的美食街。游客都习惯前往地堡街品尝各种美食。邻近有葡式大屋博物馆（龙环葡韵），环境非常舒适，是氹仔重要的文物建筑与文化遗存，同时也是澳门极富代表性的景点之一。

（1）街道的开辟

当人们在地堡街上享受美食时，可曾想过昔日这里还是一片汪洋呢？用“沧海桑田”来形容澳门是再确切不过的了。氹仔岛原为三山两岛，即东部的鸡颈山和观音岩相连，被称为大氹仔，菩提山被称为小氹仔。在20世纪中叶以前，两氹的北面开始相连，被称为氹仔岛，两岛之间为海湾。现在的坭基、西沙、地堡街与北帝庙附近，那时还是一片汪洋。20世纪40—50年代以后，由于泥沙大量淤积，以及自东向西填海工程的扩展，两岛便连成一片。澳门政府在大氹仔和小氹仔连接处的淤积新地和人造新地上，建设氹仔市区（今氹仔旧城区），其中就包括地堡街和官也街。由此可知，地堡街应该是在20世纪40—50年代以后才得以开辟的。

◆ 地堡街

（2）龙环葡韵

临近地堡街的“龙环葡韵”被选评为澳门新八景之一，以住宅式博物馆为中心，展现了典型葡萄牙人生活方式及场景。龙环指龙头环（湾），即氹仔旧称。这一景致在氹仔海边马路，濒临海湾，红树林

◆ 旧时龙环葡韵

◆ 龙环葡韵

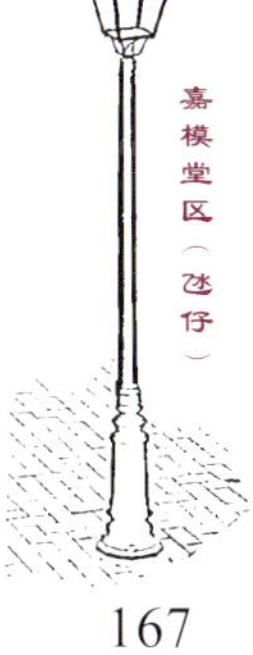

◆ 龙环葡韵

从生，鸥鸟飞翔，环境幽美，极富诗情画意；堤畔一列古榕，树下设红木椅和古雅路灯；在碎石路的另一旁，建筑有一列葡式房屋，典雅别致，呈现一派欧陆风韵。

这列房屋已成为以葡萄牙式住宅为主的博物馆，形似别墅，共有五栋，格调一致。五栋葡萄牙式住宅分别为：土生葡人之家、海岛之家、葡萄牙地区之家、展览馆、迎宾馆。现在，此住宅式博物馆是澳门重要的文物建筑与文化遗产，也是澳门极富代表性的景点。此五栋葡萄牙式建筑，落成于1921年，原为澳门离岛高级官员的官邸及一些土生葡萄牙人家庭住宅。这类旧式西洋别墅，在19世纪末至20世纪初，内地沿海一带也有不少类似的建筑物。约在1984年间，这几栋房子被旅游司修葺改建成“博物馆和陈列室”，除保留其建筑风格外，还陈列不少古旧家具、艺术品、书籍和玩具，再现20世纪初居澳葡萄牙人家庭风貌，从中可窥东、西方混合的文化和经济的特征。于1992年，澳门政府对该建筑群进行修复和改建，使之成为住宅式博物馆。

（3）北帝庙

北帝庙，位于氹仔市中心地堡街嘉模前地，为氹仔岛最古老的庙宇。据庙内现有的“重修上帝祖庙捐签碑志”载，“兹我潭仔龙头环真武上帝庙，创建于道光阏逢癸卯之岁，坐位在巽乾辰戌之原地，枕一湾，诸峰朝拱门，环十字，四水归源，是以赫濯声灵，洋夷震慑，调风和雨，海国安澜……”，该碑乃是光绪八年（1882

◆ 北帝庙

年）重修所立，碑刻中的道光“癸卯之岁”乃是道光二十三年，即1843年，由此可知北帝庙建于1843年。整座庙宇气势宏大，金木浮雕，古色古香，悬匾竖碑，整个庙观的外形庄严而肃穆。正门椽梁及檐拱处除绘有七彩壁画外，更有雕刻装饰，做工精细，造型生动，栩栩如生。殿内陈设着有百年历史的石碑、牌匾等物，这些金石雕刻之物，除了有一定艺术价值外，还有一定的历史价值，是研究当地民俗、社会史等的重要资料。

北帝庙中祭祀的北帝神是北方神，即人们所说的真武帝君、玄武帝君、玄帝，统辖着水族，于是北帝又被人们供奉为“治水之神”。氹仔在道光年间还是一个小岛，又是一个小渔村，需要这位治水之神的庇佑，于是人们在该岛上建了一座北帝庙。澳门北帝庙两边门联为“北总天枢威镇龙环三沙钦圣德，极居帝位恩周鱼港四海颂禈功”。值得注意的是联中所提及的“龙环”二字，它与庙内一古老铁钟上刻之“潭仔”一样，均是氹仔200多年前的旧称。

5. 官也街

官也街，位处澳门氹仔市中心地带；南与施督宪正街、告利雅施利华街成“T”字形相交，北与地堡街、消防局前地成“T”字形相交。昔日是葡萄牙人聚居地，如今不仅是澳门著名的食街，还是澳门新兴的著名景点。全长只不过115米，宽5米，与其说它是一条街，不如称之为巷。海岛市政厅于1983年5月1日把它划为全澳门第一个行人专用区。

（1）街名由来

该街的葡文名为“Rua da Cunha”，中文译作官也街。官也，实乃澳门第81任总督的名字。他是一位葡萄牙海军上校，1850年5月28日抵达澳门出任总督一职，不幸在同年7月6日因患上霍乱而病逝，终年49岁。他逝世后被葬在澳门圣保禄坟场的教堂后面。虽然他在澳门执政的时间很短，但是当地人对他很尊敬。据卡洛斯·卡尔德拉（Carlos José Caldeira）的《札记》称：“官也总督执政不几天，便获得了葡萄牙人的尊敬，甚至在澳门人中亦颇有威望。尽管官也在

◆ 官也街

澳门任职时间短暂，但他为推动地方贸易、增加岁入、善待澳门人，以及求得和睦气氛所作的贡献。”[①]于是，以其名字来命名一条街，以示纪念。如此，除了购物与娱乐，官也街更是一条有着独特历史的古街。

（2）食肆一条街

官也街是氹仔一条较为古老的街道。街道虽小，但街上有大大小小的手信店、食店、甜品店等店铺，在窄巷间放眼望去，栉比鳞次的招牌让人眼花缭乱，吸引了不少游客和澳门市民。由于街道狭窄，店铺林立，加之行人众多，假日尤其拥挤，于是为了居民安全，减少交通事故，澳门当局将官也街划为行人专用区，重铺路面，摆设花盆，

◆ 官也街店铺

① 萨安东：《葡萄牙在华外交政策：1841—1854》，金国平译，澳门基金会，1997，第179页。

装设典雅路灯，街道上空悬挂彩旗，充满浓浓的异国风情。官也街不仅仅是美食街，本身也成了细走慢品的雅致风景，成了氹仔的旅游观光点。

（3）氹仔市政街市

在官也街与地堡街的交界处，有一座多功能街市，内外水电系统齐全完备，物品丰富多样，这就是“氹仔市政街市”。它于1982年建成，取代了原先设在施督宪正街已有60多年历史的旧街市。该街市的建筑物为上下两层，呈“U”形布局，中间为“天井”，有数十个摊档在此营业，环境干净整洁，墙壁都贴着白瓷砖。

每逢星期日，在这一带都会举办市集，人头涌动，热闹非凡，令小镇风情浓厚的氹仔旧城区再添生机。这就是所谓的官也街市集，也

◆ 氹仔市政街市之一

◆ 氹仔市政街市之二

被称为濠江市集、海岛市集。这一天会售卖各式精品、纪念品、玩具等，部分物品更富有澳门特色，每隔一个星期更有精彩的乐器演奏、歌舞表演等，令旅客们流连忘返。

6. 施督宪正街

施督宪正街，位于氹仔市区。西端在官也街口连接告利雅施利华街，东接飞能便度街，是氹仔较热闹的街道之一。在街道的中段有医灵庙和观音堂。

（1）街名诠释

施督宪正街的葡文名字为“Rua Direita Carlos Eugénio”，而“Carlos Eugénio”指的是“Carlos Eugénio Correia da Silva”，即澳门第90任总督施理华，又译为卡·席尔瓦，其生卒年月不详，葡萄牙人。1876年12月到任，1877年1月兼任驻华代办，同年8月起兼任驻华公使。1879年，曾支持澳门当局以低价收购龙田村的房屋，在村左和村

◆ 施督宪正街

右开辟马路。同年11月离任。任期内的1877年，他以法令形式宣布澳门赌博自由化。而施督宪正街就是以其名字命名的。

（2）嘉善堂（医灵庙）

嘉善堂，又称医灵庙。“1899年12月30日获得澳门政府批准，嘉善堂正式设立。”据《澳门编年史》可知，该庙建于1900年，是由香港人和澳门人在氹仔创设的一个行善会，[①]而非庙宇，宗旨是为贫民送药赠医及送善书、执字纸等，另设有义冢。今已演变为纯庙宇。庙内供奉医灵大帝，医灵大帝是古代医术高明、药学精湛的医师和药师的化身。庙内正堂悬挂一横匾，上书“奉扬仁风”，是该庙创建时镜湖医院所赠。该庙由前后两殿组成，中隔天井，后殿为神像和祭坛所在之处。庙大门是一道趟栊门，在今天的澳门已经少见。

◆ 医灵庙

① 吴志良、汤开建、金国平主编《澳门编年史》（第四卷），广东人民出版社，2009，第2091页。

◆ 观音堂

（3）观音堂

该街上有一个观音堂，在熊猫葡国餐厅的对面，为一座小型庙宇，建于光绪二十八年（1902年），室中只供奉一尊观音神像，香火很鼎盛。

7. 卓家村路

卓家村路，位于氹仔北部，南起菜园路北至天津街与北京街相交处。

（1）卓家村

卓家村是氹仔最古老的村落，位于氹仔北部、北澳山的南面。其后山的关帝天后庙有一块重修碑记，记载该庙始建于清康熙年间

（1662—1722年），可见卓家村的历史可以追溯到300多年以前。

卓家村在观音岩山下，建村之初，村民以卓姓为多，村名因此而得。后来，不少外姓人家陆续入住，如今在100多户500多人口中，卓姓的原籍居民仅存数户，大多早已相继迁至澳门半岛及香港谋生了。据其族谱记载，族人原由南雄珠玑巷迁居香山南屏，递迁雍陌、官堂乡，最后才迁至氹仔定居。

往昔，村民以务农为生。村屋低矮，排列紧密，现还保存百年古屋，民风淳朴，卓姓人家如今还保持传统风俗，每逢年头“作福”、年中“烧衣”和年尾“还神”，均做法事，祈求风调雨顺、村民平安。在三次盛事举办时，各方游子均返村团聚。

◆ 卓家村路

◆ 卓家村门牌

◆ 氹仔卓家村（约1948年），《李玉田摄影集》

近几十年来，随着社会发展，卓家村周围已出现现代化建筑物，村中有些旧屋菜地已被拆卸填平，作新建设用地。今已成为氹仔中部市区的一部分。

（2）关帝天后庙（卓家村庙）

卓家村庙是一座妈祖与关帝的合庙，又称关帝天后庙，不仅是离岛唯一的连体庙宇，也是当地最古老的庙宇。关帝，即关公，在澳门属财神之一，是保护神，也是生意人及黑白两道人物崇拜的对象。故而当地村民供奉他，并在关帝殿议论事情。而天后，即妈祖，是历代船工、海员、旅客、商人和渔民共同信奉的神祇。卓家村近海，乃是

◆ 关帝天后庙

渔民的集散地，渔民们供奉妈祖，以保平安。

该庙创建于康熙年间。具体而言，唐思认为是建于清朝康熙二十三年（即1684年）。[①]据现存光绪七年（1881年）《重修关帝天后庙古庙捐签碑记》云：“关帝、天后庙者，创建于康熙之年。”[②]康熙年间，即1662—1722年，此庙当是在这一段时间内创建的。而究竟是什么人创建的，为什么创建，已有学者给出了相应的答案，“从其妈祖与关帝庙合建的风格而言，极有可能是闽南人”。[③]这种说法是很有可能的。因为康熙二十二年（1683年）时清朝统一台湾，随后开放海禁，中国沿海地区商业顿时繁荣起来，福建、广东的商人来澳门经商的也越来越多，商民逐渐在这里定居下来，于是创建关帝天后庙以保佑财源滚滚，福气安康。故而笔者认为该庙应当是在1683—1722年之间创建的，唐思的说法有一定的可信度。

这座庙不大，一列三间，中间为主殿，供奉关帝神像，门联为“丹心昭日月，大义在春秋”。悬于殿内的道光十七年（1837年）楹联为“声明溢于华夷，将军加古帝之号；庙貌配乎洙泗，圣人为百世之师”。右边为天后宫，供奉天后神像，门口对联是“海国慈航普济，霞榆俎豆重光”，悬于殿内道光十七年（1837年）楹联为“圣母具大神通，万里风波平粤海；元君最多灵感，千秋俎豆溯莆田”。左边为一间庙祝寓所。虽然两个殿分两个门口出入，但殿内有小门相通。殿内有一块石碑记载了该庙宇的重建过程，佐证了该村历史悠久。

---

① 唐思：《澳门风物志》续篇，中国文联出版社，1999，第165页。

② 郑炜明：《葡占氹仔路环碑铭楹匾汇编》，香港加略山房有限公司，1993，第42页。

③ 徐晓望、陈衍德：《澳门妈祖文化研究》，澳门基金会出版社，1998，第118页。

如今卓家村变化很大，关帝天后庙已被高楼大厦包围。

8. 三家村

三家村建于70多年前，位置在现在孙逸仙博士大马路附近，与卓家村仅隔一条小溪，原来只有姓林的三家人建屋而居，最初称为“林家村”，后来陈、李两姓人家陆续迁入，于是改称“三家村”，村屋多为平房木屋、砖舍，只有一间两层高的砖屋。村民以种菜、种菊谋生，至20世纪60年代多种姜花，在澳门出售。那时，路经史伯泰海军将军马路，可见路旁的大片姜花，花开时清香扑鼻。后来随着氹仔市区发展，三家村不少村民陆续迁出，该区渐渐被开发。

◆ 路环耕地（20世纪30年代）
《昔日路氹——澳门海岛图片集》，海岛市政厅、澳门历史学会，1994年。

圣方济各堂区（路环）

坊间所称的“圣方济各堂区”，是未经法律文件确认的行政堂区。按照宗教堂区的划分，离岛其实只有一个堂区，即嘉模圣母堂区，路环则设有比堂区低一级的“准堂区”（Quase-Paróquia），即圣方济各准堂区。该传教区创建于1903年，由嘉诺撒修女在路环创办一所学校及一所带有小教堂的养育院。1928 年，在旧学校和教堂的基址上建成了圣方济各教堂。①

① 施白蒂：《澳门编年史：20世纪（1900—1949）》，金国平译，澳门基金会，1999，第226页。

堂区范围

澳门回归以前，圣方济各堂区属于澳门海岛市（又称海岛市政区）——昔日澳门所设的两个市之一。澳门回归以后，废除了市级行政区划。

圣方济各堂区有建于1938年的天主教圣方济各堂。因教堂内存放着圣方济各的臂骨而著名，天主教圣方济各堂是路环岛最出名的景点。

圣方济各圣堂的设计主要采取澳门主要教堂的巴洛克式风格。圣堂外墙以奶白色为主，还有椭圆形的窗户及钟楼。在圣堂的前面还有建于1910年战胜海盗的纪念碑，在教堂内存放着一些神圣的遗物，在一个银制圣骨匣里存放着圣方济各的臂骨。圣方济各在日本传教后，打算进入中国，于1552年在距离澳门70公里的上川岛逝世。

1. 恩尼斯总统前地

恩尼斯总统前地，位于竹湾马路与打缆街的交界处，现为一交通回旋处，中间有树林、花坛，可供游人休憩。恩尼斯总统前地是澳门路环市区的中心，前地周围有巴士站、各式餐馆、闻名的安德鲁饼店等。

◆ 恩尼斯总统前地

（1）名称由来

恩尼斯总统前地所处的地方没有路名，只知道它在路环市区回旋处前。门前是一块空地，附近设有警署，俗称“员警前地”，也曾因设公共电视机供公众观看，被称为“电视广场”①。直到1985年，葡萄牙总统恩尼斯去澳门访问，因行程安排要去路环岛，于是，市政当局除将路环街市粉饰一新外，还在街市门前特置了路牌，将无名的街市原址称为“恩尼斯总统前地”。

恩尼斯（António dos Santos Ramalho Eanes），为葡萄牙1974年康乃馨革命推翻萨拉查法西斯政权后第三任总统（1976—1986年）。恩尼斯曾以上尉官阶于1962年到澳门的离岛路环荔枝碗军营驻扎，至1964年被调走。恩尼斯总统是首位到访澳门的葡萄牙国家元首。由于久驻澳门，且与当地人关系良好，恩尼斯是所有葡萄牙高级领导人中最熟悉中国事务的人之一，这对中葡建交及后来的顺利谈判影响甚大。

（2）恩尼斯花园

老居民都称此地为“花园仔”。恩尼斯公园占地仅680平方米，园内种植着一棵巨大的龙眼树，绿叶成荫，路环的居民喜欢聚于此地休息聊天。园内最大特色是有一尊纯欧洲风格的爱神丘比特喷水雕塑。20世纪70年代之前，路环尚有葡兵，恩尼斯曾驻守路环兵营，后当上总统。回归前，澳门政府把路环这个小公园称为“恩尼斯花园”，以纪念这位葡萄牙前总统与路环岛的因缘。

① 唐思：《澳门风物志（续篇）》，中国文联出版社，1999，第160页。

◆ 恩尼斯花园

◆ 恩尼斯花园内纯欧洲风格的爱神丘比特喷水雕塑

（3）路环市政街市

在恩尼斯总统前地还有一座长方形建筑，金字石棉瓦顶，这就是路环市政街市。街市面积不足1000平方米，有数十摊档，分售蔬菜、肉类、生果及杂货店。在20世纪70年代澳氹大桥通车前，这座街市出售的货物大多经水路由澳门运往路环码头，再转送到街市，所以价钱比澳门半岛略贵。现在陆路交通方便，每天在街市售卖的货品，能很快运到路环街市供销，售价与澳门半岛相当。

2. 打缆街

打缆街，从恩尼斯总统前地至打缆前地。昔日路面宽广，渔民常在此修网结绳，故有“打缆”之称。如今马路两旁已列为停车位。

◆ 打缆街

早在20世纪20—30年代，澳门渔业发达，与其有关的打缆业也相当发达。打缆工具简陋，像桥凳似的木架上设置活动铁钩，连带缆手，将麻线放在钩架上搅动，将数条幼线绞成幼绳，再将数条幼绳合在一起，又可绞成粗绳。

3. 十月初五马路

十月初五马路位于路环西南部（路环市区西部），南从谭公庙前地起沿海边至北端的屠场前地，为马忌士前地（雅憩花园）的所在地。该马路是为了纪念葡萄牙在1910年10月5日发生的革命而命名的。

◆ 十月初五马路

整条十月初五马路是一片具有南国海岛风情的幽静天地。马路的一边是中式、葡式交替的错落房屋，传统的中式民居与葡式粉红别墅相间隔，而一边临海，栏杆外是浅浅的海滩，远处还能看到渔民晒网，海滩的对面就是珠海的横琴了。这条水道是珠江口有名的十字门的一部分，山光水色，美丽怡人，颇具澳门半岛西湾景致，有离岛“西湾”的美誉。

（1）谭公庙与谭公庙前地

十月初五马路南端的谭公庙前地，是谭公庙前的一片广阔空地。它一方濒临海滨，与横琴岛隔海相望；另一方绿树环绕，环境优美且清静，是路环岛一个颇具吸引力的旅游胜地，也是一处不可多得的休憩区。谭公庙建于清同治年间，距今已有100多年，庙内除供奉谭仙

◆ 谭公庙前地

◆谭公庙旧照

◆ 谭公庙

圣外，还有一只由鲸骨雕制而成的龙舟，是一件已有100多年历史的文物。还有立于庙旁的一块极具历史价值的“过路环勒石晓谕”石碑，此碑是清道光七年，即1827年由清政府颁布，禁止官兵向途经当地的渔民勒索的告示。石碑原位于中街，1980年重整工程时搬来此处。

（2）圣方济各圣堂

沿着十月初五马路往北走，便会看到圣方济各圣堂。葡萄牙人于1864年占领了路环，为岛上本地儿童提供宗教教育，于1903年兴建了一所学校及一间小教堂，1928年修建成，即现今的圣方济各圣堂。堂

◆ 圣方济各圣堂

中曾收藏圣方济各的右臂骨，现已转移至圣若瑟修院圣堂供人凭吊。圣方济各，1506年4月7日出生于西班牙，1534年开始与圣依纳爵一起传教，创立了耶稣会，1549—1551年间到日本传教，因是第一位到日本传播天主教的教士而被称为“远东传教士”。

（3）马忌士前地

圣方济各圣堂前的空地即马忌士前地，当地人多称它为“教堂前地”，是市民喜爱的休憩场所，也是游客必到的旅游胜地。这里也是路环岛上举行露天表演和娱乐活动的最佳场地，因此常常为此

◆ 马忌士前地纪念碑

地增添不少热闹的场面和气氛。

◆ 马忌士前地纪念碑正面、背面碑文

该前地以当时的澳督意度亚玛忌士命名。前地不大，为长方形，地面铺砌着葡式小石头路，黑白相间，呈波浪形状，仿佛在向游人诉说着路环岛与大海结下的那一段不解情缘。前地两侧建有方形的花圃和长长的走廊，井然有序的布置与建筑独特的圣方济各圣堂相映衬，使前地充满异国情调。游人到此，一边欣赏迷人景致，一边享受习习海风吹拂，无不为眼前美景所陶醉，仿佛置身于葡萄牙某海滨城市。该前地还有三个围以铁栏的水池。中间的水池边矗立着一块纪念碑，

◆ 马忌士前地纪念碑

纪念碑与教堂遥对，四周由倒立的炮弹形铁柱环绕，是为纪念1910年7月发生在路环的一次打击海盗战斗而建，碑的正反面列有“攻战于一九一零年十月十二至十三日”的中葡文字样。

（4）路环图书馆

路环图书馆大楼为古朴优雅的单层葡式风格建筑，正面有6根支柱构成的回廊，与现为民事登记局的前氹仔图书馆大楼极为相似，现为澳门文物。

该馆建于1911年，前身为路环公局市立学校，是当时离岛3间小学之一。后来几易用途，曾作西医诊所及葡萄牙人蒙地路私人别墅。蒙地路逝世后，别墅曾长期空置，因年久失修显得残旧破烂。直至1983年，澳门当局拨款对其重修，改为图书馆，推广文化；如此一来，既方便当地居民借阅图书，也为青少年提供了一个学习场所。

◆ 路环图书馆

4. 船人街

船人街，是位于码头前地与水鸭街之间的一段街道。船人街过去曾经是热闹的渔村地段，但因为澳门捕鱼业日渐式微，空置的渔栏及商铺日渐增多，但该地段的周边环境及建筑外貌仍然保持昔日

◆ 船人街

渔村风格。19世纪30年代至70年代是该区最繁荣时期，当时常住人口3000多人，捕鱼业盛行，带动区内经济发展。由于渔民需要上岸补给用品，高峰时期带动区内造船、雪厂及柴油等的生意，而且药材、理发、服装店等一应俱全。最繁荣时期，经常有几百条船只停泊于船人街旁边码头，渔民过着“日出而作，日入而息”的生活。每逢早上四五点，渔民便驾驶船只从谭公庙向南边捕鱼，晚上六七点回航，实际出海距离并不远。渔民上岸后，将渔获交到船人街的鱼栏出售，鱼栏于高峰期数量接近20间。

位于船人街口的路环码头，是早年路环兴建的唯一码头。由澳门到路环的游客，过去要乘小轮前往，货物是用电船运输。由于路环水道比氹仔更浅，每当退潮时，小轮就难以停泊，所以路环人口稀少，游客多是来此度假、露营的澳门学生，利用它的主要是渔民和葡兵，

◆ 旧时联结路环的渡船

还有极少经商的人。自澳氹大桥及路氹连贯公路通车后，路环码头基本上失去了作用。自1978年改革开放以后，横琴岛居民每日可将农产品运到路环销售，或来澳门购物；澳门市民也常会乘小船前往横琴岛钓鱼或旅游，该码头又重获生机，比以前更繁荣。

三圣宫

路环三圣宫又称金花庙，供奉的主神有三位：金花娘娘、观音大士、华光大帝。小庙的门上有对联："仙灵瑞气绕盐湾，幸福愉快赐路环。"盐湾，是路环的古称。

金花庙是建于晚清的小型庙宇，庙中有一块云板，铭文为："沐恩弟子黎连有敬酬，同治四年腊月吉旦立，隆盛炉造。"由此看来，此庙建于同治四年（1865年），距今已有100多年历史。

◆ 三圣宫

5. 荔枝碗马路

荔枝碗马路，在路环岛西南面，起于码头前地，止于石排湾马路与田畔街相交处。荔枝碗村，位于该路的左侧，面向海边。在荔枝碗码头的岸边，游客可远眺对岸珠海横琴岛脑背山上用作发电的巨型大风车阵，或者买些地道海味做手信。如果你爱怀旧，可到荔枝碗村走一走，那里的村屋有柴房，村民仍在用柴来烧饭。

◆ 荔枝碗马路

荔枝碗是一个天然海湾，地形如碗，据说以前多种植荔枝树，故地名为“荔枝碗”。另有一种说法是昔日该处驻有黑兵，引种番荔枝，荔枝碗因而得名。[①]然而这些都是民间的说法，并无确切资料记载，其准确性有待考证。

曾经的辉煌

荔枝碗村海边一带废弃的造船厂，昔日盛极一时，见证着当地辉煌的造船业发展。

◆船厂现貌

◆ 路环荔枝碗造船厂一角

① 唐思：《澳门风物志（续篇）》，中国文联出版社，1999，第419页。

澳门的造船业与渔业息息相关，可以说澳门造船业是因渔业而发展兴起的，它同时是澳门最古老的工业之一，300多年前曾与铸炮业并驾齐驱，至今已有300多年的历史。在20世纪20—30年代，澳门有船厂30多家，最古老的要数清同治年间创始的合计船厂。澳门的造船厂以制造木质渔船、虾艇、渔拖等为主。船厂大都是祖传家业，世代经营，作风比较保守，船厂的规模和生产设备改进缓慢。抗日战争后，澳门渔业开始走下坡路，造船工业也随之萧条，不少昔日的船厂，其铺面已改为经营杂货，更有不少宣告歇业，船厂数目锐减至20余家。

澳门的船厂以前大部分集中在澳门半岛的西北岸，如提督马路一带。20个世纪90年代初，澳门政府重建道路网，再一次大规模填海造

◆ 荔枝碗村路两边是停止作业的船厂

地，导致半岛上的林茂塘至筷子基一带10多家船厂被迫停业，澳门造船能力大减，造船基地也由半岛转移至路环。

荔枝碗是澳门最后的造船区，在这里曾经有过三四十家船厂，在20世纪60年代，是亚太地区主要的木船生产基地。但时移势易，社会经济结构转型，昔日风风火火的造船厂，如今大部分空置多时且严重失修，损坏的船厂结构、场内堆积的废料垃圾、卫生环境等问题为周边村民带来隐患。如今的荔枝碗已一片凋零，只留给游人一份苍凉的诗意。

近年来，因残损船厂带来安全隐患，政府部门启动了清拆工程，引来澳门民众一片质疑声，认为应该对船厂保育活化，而不能一拆了之。目前荔枝碗船厂的保育已经成为社会热门话题。

6. 九澳村路（九澳村道）

九澳村路，北起于九澳圣母马路，南接九澳高顶马路与黑沙马路。该路从九澳村的左侧经过，把九澳村与其他马路连通。

（1）九澳村

九澳村，路环东北部一个村庄，位于九澳山西北麓的一个小谷地内。成书于明朝嘉靖年间、澳门开埠前夕的《香山县志》中，已有九澳的记录。书中称："……大吉山、小吉山、九澳山……其民皆岛夷。"可见，路环九澳在开埠前已有人定居。这也是已发现的最早的

◆ 九澳村路

◆ 九澳村旧照

澳门地区有居民定居的文字记录。九澳村的早期村民为客籍。村的北面有一个小海湾，叫九澳湾。九澳附近已经全部填成陆地，成为工业区和港口码头区。

（2）两座逾百年的小庙

九澳村有两座逾百年的小庙，分别是位于村头的观音庙和村尾的三圣庙。

三圣庙位于九澳湾畔，是村中一座文物性古建筑。庙内的碑石记载该庙建于清光绪九年（1883年），迄今历史已有百年。庙门横眉石刻“三圣庙”三字，两旁门联石刻“恩波潮九澳，德泽荫千方”。庙内“新建三圣庙碑记”除记录该庙历史，还解释了“三圣”乃是洪圣、关圣及谭公。庙初建时，海湾涨潮可浸至庙门。

往昔三圣庙香火鼎盛，常在诞期上演神功戏或木偶戏；附近也有村民和渔民利用诞期交易农产品、渔获物，仿如市集，十分热闹。而今，除了诞期，平时香火寂寥，只有两三户村民早晚上香。

◆ 旧时三圣庙

◆ 九澳村头观音庙

传说“三圣大王”是九澳村的庇护神。有一年诞期，一群海贼乘船拟来洗劫时，发觉村上旌旗飘动，以为官兵早有戒备，慌忙退却。后来，村民被问及是否有防范时，均不知其事，于是大家认为“三圣大王”显灵，保护了小村。

观音庙，位于九澳村的高地，背靠大山，庙前平台宽敞，可供活动，四周树木环绕，一片清幽，置身其间令人心境安宁。此庙是单层砖木结构，古色古香，面积小，只有40平方米左右，建于清光绪七年（1881年），光绪三十三年（1907年）重修，也是村中的文物性建筑。其后，该庙长期缺乏修葺，残破不堪。村民为保护这座建筑物，集资重修该庙。庙门横眉石刻“观音庙”三字乃建庙时所立。

20世纪70—80年代，路环渔业还很兴旺，不少渔船停泊在九澳湾，渔民常到湾畔的观音庙进香，因此该庙往昔香火鼎盛，且常有打醮之会。后来随着当地渔业的衰落，九澳滩头环境变化，不宜停泊船只，渔船多驶往路环市区岸边停靠，以致庙里香火疏落，今非昔比了。

（3）两所学校

九澳村路的右侧有两所学校：九澳圣若瑟学校和雷鸣道主教纪念学校。九澳圣若瑟学校，澳门公共学校网路成员，非私立学校，提供学前教育、小学教育预备班及小学教育。该学校创办于1966年，原为托儿所。1973年获准正式建校，后增至小学四年级。1974年扩建第二座校舍和运动场，1975年增办小学五六年级，后又多次扩建校舍。直至1983年，胡子义神父把该校移交母祐会修女接办。后因高年级的男女同学的共处管理颇有不同，故筹划兴建另一所男子学校。

◆ 20世纪80年代的九澳圣若瑟学校

◆ 九澳圣若瑟学校

雷鸣道主教纪念学校是一所男子学校，附设工科课程，包括机械、电工、金工、木工，创立人是鲍思高慈幼会会士胡子义神父（Caetano Nicosia），他看见社会上有部分青少年在求学上遇到诸多困难，且无法求得学位；甚至有些因受家庭问题影响和缺人照护的青少年，不能入学而流浪街头，成为家庭及社会的负担，有见及此，胡神父于1985年创立这所寄宿学校。该校的教育宗旨：遵照慈幼会会祖鲍思高神父（Dom Bosco）的预防教育法，以理智、宗教和仁爱为教育基础，着重教育和帮助有需要的青少年，学生通过学校学习及寄宿生活，从德、智、体、美各方面得到适当的发展，而且有一技之长，能够投身社会，成为良好的公民，参与造福社会的工作。

◆ 雷鸣道主教纪念学校

7. 黑沙村路

（1）黑沙村

黑沙村（Povoação de Hac Sá），路环东南部的一个村庄，靠近塔石塘山的东南麓。黑沙村背山面海，环境宁静，原是个小渔村，乃渔民聚居之地。该村已有上百年的历史，因村前有一片黑色沙子的海滩而得名。

◆ 黑沙村的公交站牌

◆ 路环黑沙海滩

黑沙海滩是全澳门最大的海滩，长约1350米，纵深50～100米，可以容纳上万人休憩，是市民度假的好地方。1993年被评选为澳门新八景之一——“黑沙踏浪”。据分析，黑色沙子可能是由两种海绿石组成，但也有人认为是由绿泥石所组成。

村中的建筑多是平房砖屋，其中一座“大王庙”建于1902年，是村中颇具历史的建筑物。该庙面积约为20平方米，是离岛庙宇中较小的一栋，像传统的平房建筑，简朴、古雅。墙壁上嵌着石碑，上面写着倡建该庙的缘起，从中可知该庙建于清光绪二十八年（1902年），至今已有百年历史了。

◆ 黑沙海滩

◆ 黑沙村大王庙

该庙供奉的“大王”是洪圣海神。从庙联“英灵钟叠石；德泽荫沙乡”可以看出，庙里供奉的是村里的庇护神。关于“大王”还有一个传说，数十年前，海盗猖獗。一个晚上，几艘贼船驶进黑沙村时，突然见到沙滩上有许多火把摇动，以为村民早有防范，急忙退却。后来，村民获知其事后，却说并无防备之举，所以都认为是“大王”显灵救助。这和九澳村三圣庙的传说相似，都与海盗有关，由此也可以看出早年路环一带海盗活动之频繁。

经考古队多次于该村附近发掘，出土遗物包括陶器和玉石器等，年代距今5000～6000年，估计那时已有先民在这里活动了。然而，时过境迁，近几十年来，随着离岛渔业的衰落，该村早已无人出海作业，改务农牧，而养鸡业于十多年前也一度兴旺，后因饲料价贵，成本增加，入不敷出，才陷入低谷。由于生活困难，该村不少精壮村民外出谋生。

近年来，村周围变化很大，已由宁静变得热闹，且增添了不少新设施，除了海滩的人工松林外，还开辟了宽阔的马路、停车场、郊野公园等。

（2）黑沙马路

黑沙马路，在路环东南部，由竹湾马路起至九澳堤坝马路，是联系路环东北部与西南部的通道。马路的南端可进入黑沙海滩和黑沙村，北端则通到威斯登度假酒店和高尔夫球场。

◆ 黑沙马路

8. 石排湾马路

石排湾马路，在路环西北部，由路氹连贯公路南端起至田畔街。是进入路环市区的主要通道。马路的南面是石排湾公园，北面则是填海而成的联生工业村和路氹连贯公路西侧的填海区。

石排湾原是一个半月形海湾，近海山坡，林木苍翠，风景迷人。过去，这里是偏僻荒芜之地，自连贯公路、澳氹大桥先后落成后，车

◆ 石排湾马路

辆穿梭来往，热闹非凡，在自然景色中，增加了时代气息。往昔，这里只有石矿场，开山取石，用作建筑材料，而今已增加了混凝土砖厂、土地工作处及石排湾郊野公园等。多年前，海湾已进行填海工程，拟辟成货柜码头、住宅、工业发展区。如今石排湾已经成为集工业、居住及休闲度假为一体的热闹社区。

连贯公路尽头路环回旋处被称为“石排湾圆形地”，树立了由天主教会和教友赠送的圣母像、耶稣像及14幅耶稣受难石碑，充满了宗教色彩。该处辟有花圃，栽植花草，小径铺嵌阶砖，环境幽雅，是一个美丽的街心花圃。

◆ 2013年改建后的圆形地

◆ 圆形地里的圣母像、耶稣受难石碑